アップルはジョブズの「いたずら」から始まった

井口耕二

JN197657

日経プレミアシリーズ

はじめに

スティーブ・ジョブズは2011年、56歳で亡くなり、次なる旅へと歩みを進めた。その直前、私は、初の公式評伝『スティーブ・ジョブズ』を世界同時発売するため、ふつうなら9カ月はかかる翻訳を3カ月で終わらせようと悪戦苦闘していたのだが、そのとき「お父さん、このごろ、いっつも怖い顔をしている」と言っていた中学生ふたりも、いまは社会人となり、それぞれが自立して暮らしている。

そんな彼らの手によく握られているのが、iPhoneやiPadなどのアップル製品だ。中学や高校からの古い友だちと連絡するのもスマホやタブレットだし、仕事さえもスマホやタブレットでしていたりする。また、出歩くときの乗り換え案内や駅から目的地までの道案内もスマホなら、晩ご飯でも食べていくかとなったとき、自分の財布では行くのがきびしいが親ならこのくらいはと思うちょっといいお店をささっとみつけるのもスマホだ。音楽はネットの配信だし、お、そんなことまで知ってるのかと驚くと、こないだYouTubeの動画で見たと言われる。彼らデジタルネイティブの世代にとってこのようなデジタルツールは生活必需品であり、それらのない生活は想像さえもできないだろう。

　彼らは、物心がついたころからデジタルツールを手にしてきた。それを作ったのはだれかと尋ねれば、そんなの知らない、昔からあったじゃんと返ってきそうだ。

　十年一昔という。筆者のようなスティーブ・ジョブズと同世代の人間にとって、彼は一時代を築いた英雄なのだが、いまの若者にとっては〝歴史上の人物〟だ。彼が残してくれたツールが社会のすみずみにまで浸透し、暮らしをどんどん変えているのに、ジョブズの存在やその記憶は薄れつつある。ジョブズを歴史の殿堂に祭り上げておしまいにするのはもったいない。私はそう思う。彼の生き方には、我々がお手本にしたいヒントがたくさん隠されているからだ。

　ジョブズは、「自分の心に従う勇気」を一番大事にしていた。人が本当に力を発揮するのはどういうときか。大好きなことをするときだ。だから大好きなことをしよう、大好きなことを仕事にしよう、仕事を大好きになろう――彼はそう力説し、みずからも実践した。遊び心、いたずら心も忘れなかった。若いころから大好きなことだったからだ。

　未来を生きる若い人にこそ「自分の心に従う勇気」を持ってほしい。日本の職場は前例重視で、自分のやりたいように行動するのは難しい。それでは、新しいものなど生まれるはずがない。若い人には、若者らしい無謀さで大好きなことに突き進んでほしいし、中高年世代には、その芽を摘まず、若い人の可能性を信じて応援してあげてほしい。加えて、中高年世代には、自分が若い心を失っていないか、本当にやりたいことをやっているかと自問自答してみてほしい。ジョブズのように、いつまでも心を若く保つことはできるのだから。

ジョブズの生き方をお手本にしてほしいと述べたが、彼の性格には、自己中心的で暴虐、残忍なダークサイドもある。だから、直接関わった人たちのジョブズ評も真っ二つに分かれてしまい、彼の人物像を適切に把握するのは意外なほど難しい。

私は、翻訳者として、2005年の『スティーブ・ジョブズ 偶像復活』（東洋経済新報社）を皮切りに、『アップルを創った怪物』（ダイヤモンド社）、『スティーブ・ジョブズ 驚異のプレゼン』『スティーブ・ジョブズ 驚異のイノベーション』『アップル 驚異のエクスペリエンス』『沈みゆく帝国 スティーブ・ジョブズ亡きあと、アップルは偉大な企業でいられるのか』（以上、日経BP）、『スティーブ・ジョブズ 無謀な男が真のリーダーになるまで 上・下』（日本経済新聞出版）、『ぼくがジョブズに教えたこと』（飛鳥新社）、『PIXAR 〈ピクサー〉』（文響社）、さらに、ベストセラーとなった公式評伝『スティーブ・ジョブズ Ⅰ・Ⅱ』（講談社）と、ジョブズやアップルに関するたくさんの本に関わってきた。

合計して数年も、さまざまな角度から見たジョブズ像に触れることで、ジョブズという複雑な人物の全体像があぶり出されたように思う。

翻訳というのは、単に英語を日本語に書き換えるものではなく、原著者が書きたかったことが日本の読者に伝わるように日本語で新しい本を書くと言うべき作業である。さらっと読み流すようなことについても調べて裏を取るなど、ふつうよりずっと深く読むことにもなる。特に伝記の翻訳では、著者がジョブズをどうとらえ、どういう人物として描いているのかが大事なポイントになる。同一人物の伝記なのだから同じエピソードが描かれることも多いが、著者がジョブズをどうとらえているかで、エピソードの印象も大きく違ってくる。そしてそのとらえ方を重ねると、最大公約数とも言うべき共通する見方が浮かび上がる。また逆に、著者の個人的な考えである部分も見えてくる。ジョブズの翻訳をくり返すというのは、彼の人物像に対する理解を深めるプロセスでもあるのだ。

本書はジョブズの生涯をまとめたものだが、そのなかには彼の良い面も悪い面も登場する。ぜひ、良い面は吸収し、悪い面は反面教師にしてほしい。たとえば本書の4章「ジョブズ名言録20」は示唆に富む話が満載で、参考にしていただくのがいいと思う（余談ながら、ジョブズにはこれはと思う言葉が多く、20件に絞るのは大変だった）。対して3章「未来への遺産編」には、部下に対するすさまじいパワハラも出てくる。性格と成果はセットで切り離せないのかもしれないのだが、あの面だけはまねしないでいただきたいと思ってしまう。

「我々は、みな、先人の肩に乗せてもらっている。だから、先人の知恵になにかを加え、人類全体の流れになにかを加えることで、お返しをしなければならない」——ジョブズは、死の直前、公式評伝『スティーブ・ジョブズ』を書いてもらったウォルター・アイザックソンにこう語った。

同じことを我々もしよう。ジョブズの肩に乗せてもらい、その知恵を活かして自分らしい人生を切り開く。その人生は、次代に伝えるなにかになるはずだ。未来を生きる若者も、若い心をいまだ抱く中高年世代も（若い心を失ってしまった人は取り戻せばいい）、さらには、私を含む老境の人も。人生という旅は続くし、「旅こそが報い」なのだから。

目次

2章 復活&飛翔編

～アップル復帰後、奇跡の快進撃～　59

3章 未来への遺産編

～ジョブズを超える経営者は現れるか～

本書は、『日経ＰＣ21』（日経ＢＰ）２０２１年８月号～２０２４年７月号に連載された「スティーブ・ジョブズの残像」を大幅に加筆修正したものです。

1章

起業&挫折編

~アップル設立から追放まで~

タダで長距離電話がかけられる装置を開発 ふたりのいたずらがアップル創業の契機に

スティーブ・ジョブズは若いころエレクトロニクスが趣味で、周波数カウンターを作ったりしている。ジョブズというとデザインや経営から語られるのがふつうだが、技術的な素養もそれなりにはあったのだ。

そう、それなりに。言い換えれば、それなりにすぎない。その程度の技術力では、デジタルコンピューターを一から設計して作りあげるなどとてもできない。私も真空管からトランジスター、ICと一通りいじってきて、それなりの技術力しか身につかなかったのでよくわかる。

アップルという会社が立ち上がれたのは、画期的な設計のアップルⅡが大当たりしたからだ。あんなもの、ジョブズには作れない。作ったのはもうひとりのスティーブ、スティーブ・ウォズニアックである。

2010年1月、iPad の製品発表会で1976年のアップル創業当時の様子を語るスティーブ・ジョブズ（写真右下）。壇上のスクリーンには、若き日のスティーブ・ウォズニアック（左）とジョブズが大写しになった。ふたりのスティーブのどちらが欠けてもアップルは存在しえなかった　（写真：ゲッティイメージズ）

「ウォズの魔法使い」と称されるほどの天才で、時代を先取りするアップルⅡを実質ひとりで作りあげてしまったエンジニアだ。性格は穏やかで無邪気。自伝『アップルを創った怪物』（ダイヤモンド社）は、ライターがウォズから話を聞いてまとめる形で書かれたもので、子どもがそのまま大きくなったような彼の語り口が楽しめる。

ふたりはジョブズが高校生のころからつるんでいた。どちらもいたずら好きで、長距離電話がタダがけできる「ブルーボックス」を作って売るなどやんちゃなこともしている。

実はこのブルーボックスの開発体験がふたりに大きな自信を与え、のちのちアップルの起業につながっていく。ふたりの運命を変えた決定的な出来事なのだ。

2600ヘルツの信号で電話交換機が長距離モードに切り換わる？

時は1971年9月、とある日曜日の午後、ウォズは母親が台所のテーブルにおいたエスクァイア誌の記事に目をとめた。ロン・ローゼンボウムが書いた「小さなブルーボックスの大きな秘密」という記事だ。そこには、AT&T社の電話交換機に使われるトーンを作れれば長距離電話をタダがけできるとみつけたハッカー、ジョン・ドレイパーの話が紹介されていた。「キャプテン・クランチ」というシリアルのおまけについてくる笛が電話交換機のトーンと同じ2600ヘルツの音を出す、この音を流すと、タダで長距離電話をかけられるというのだ。電話交換機が使うトーンは、「ベル・システム・テクニカル・ジャーナル」のある号にまとめられていて、AT&T社がその回収に乗り出しているとも書かれていた。

ウォズは「途中まで読んだところでがまんできなくなり、親友のジョブズに電話をかけて長い記事のあちこちを読んできかせたよ」と振り返る。そして、そのジャーナルをすぐ手に入れようとジョブズに提案され、ふたりでスタンフォード大学の図書館に急ぐことにした。日曜日で図書館は閉まっているが、鍵がかかっていないドアがあることを知っていたのだ。山のようにあるジャーナルを必死で繰り、ついに周波数の記事が載っている当該号をみつけだす。

はやる気持ちを抑えられず、ふたりは、その日のうちにアナログ式のトーンジェネレータを組み上げる。しかし、この発振器は不安定で、電話会社のシステムをだませるほど正確な信号音を作れなかった。それならデジタル式にすればいい。ダイオードやトランジスタなど材料を集めると、絶対音感を持つ音楽科の学生に手伝ってもらって、感謝祭前にデジタル式ブルーボックスを完成。何十億ドルもの費用をかけて作られたAT＆T社のインフラストラクチャーを自由自在に動かせる小さな回路基板ができたのだ。さっそく、国務長官ヘンリー・キッシャジャーのふりをしてバチカン宮殿のローマ法王に電話するなど、ふたりはいたずら好きの本領を発揮した。

すごいなと思うのは、ジョブズがブルーボックスの開発を単なるいたずらで終わらせず「作って売ろう」と考えたことだ。「僕がケースや電源、キーパッドなどの部品を集め、いくらで売ればいいのかを考えた」というのだ。完成した製品はトランプ2組分くらいの大きさで、最終的な材料費は40ドル。100台ほどを作ってほぼ売り切ったという。

こういうバカな経験をしたから、のちに大きな冒険的事業にも乗り出せたのだとジョブズは語っている。

「ブルーボックスがなければアップルもなかったと思う。それはまちがいない。この経験からウォズも僕も協力することを学んだし、技術的な問題を解決し、製品化できるという自信を得たんだ」

ブルーボックスの開発でものすごく自信がついたとウォズも感じたそうだ。

「あれを売ったのはまずかったと思うけど、でも、僕のエンジニアリング力と彼のビジョンでなにができるのか、それがなんとなくわかったのは大きかった」

ふたりの〝スティーブ〟は最高のコンビだ。魔法使いのウォズがすばらしいものを発明する。ジョブズがそれをユーザーフレンドリーなパッケージにまとめ、利益を生む仕組みを練り上げる。ブルーボックスの開発で始まったふたりの役割分担は、アップル創業後も続き、黎明期にアップルⅡという大きな花を咲かせることになる。

傍若無人なジョブズを門前払いせず個性を引きだした名経営者

スティーブ・ジョブズはエキセントリックだった。特に若いころはひどかった。こうと決めたら引かない。いい方向に働けば実行力の源にもなるわけだが、ジョブズはひどすぎた。我が強く、組織の一員として働くには不向きだと言える。過ぎたるは及ばざるがごとしである。日本ならまずまちがいなく袋だたきにあってつぶされる。そのあたり比較的自由と言われる米国でも、あそこまでひどければいろいろと難しい。

一緒に働く人にとってはもっと大きな問題もあった。果物中心のベジタリアンならシャワーやデオドラントなしでも体が臭うことなどないと信じていたのだ。もちろん、そんなことはありえない。

日本語で「匂いたつ」は賛辞の言葉だが、同じにおいたつでも「臭いたつ」は大迷惑である。

ジョブズが社会人としてのスタートを切ったアタリ社

大学中退後に就職したのがアタリ社だったのは、そんな彼にとって大当たりだったと言えるだろう。

アタリ社とはビデオゲームメーカーで、ふたりで玉を打ちあうポンやブロック崩しのブレイクアウトなどを開発して一世を風靡《ふうび》した。私くらいの年代なら、子どものころ、夢中になって遊んだ記憶があるはずだ。創業者ノーラン・ブッシュネルの人柄から自由な雰囲気だったこともあり、就職先としてもそれなりに人気があったらしい。

髪はぐしゃぐしゃで服はよれよれ、足元はサンダル、加えて臭いたつ人間に「雇え。雇ってくれるまで帰らない」と言われたら警察を呼ぶのがふつうだろう。でもアタリは彼を採用した。その後、くさい、やめさせろと社員から文句が出たときにもブッシュネルが機転を利かせ、夜勤という形でジョブズを雇い続けた。

就職先がアタリでなければ門前払いか入社直後にクビで、ジョブズもスタートでつまずいた可能性が大きいわけだ。

ビデオゲームの会社、アタリを創業したノーラン・ブッシュネル（1974年当時）。ジョブズは大学中退後、74年に技術者として同社に採用された。我が強いうえに身なりがだらしないジョブズに社内の風当たりは強かったが、ブッシュネルは彼の個性を認め、活躍の場を与え続けた （写真:ゲッティイメージズ）

さらには、退職してインドに行くというジョブズに対し、戻りはインド経由でいいぞと欧州出張に送り出すことまでしている。小さな会社だというのに（小さな会社だから？）アタリという会社の度量は驚くほどに広い。

ブッシュネルはロールモデルだった

アタリの創業者ブッシュネルはジョブズのことが気に入っていたらしい。彼は時代を先取りするビジョナリーでカリスマ性もあり、人々を惹きつける演出力も兼ねそなえた人物だ。また、自分の魅力を力へと上手に変えられる、その魅力で現実をねじ曲げたりもできる。そういう人間なだけに、自分に近いものをジョブズに感じたのかもしれないし、そのあたり、実はジョブズがブッシュネルから学んだという面もあるのかもしれない。

実際、ブッシュネルとジョブズは仕事以外に哲学的な話もずいぶんとしたらしい。ジョブズはそのような話を通じてアントレプレナーの基礎を彼から学んだのではないだろうか。

次なるジョブズの育て方

そんなブッシュネルが自ら筆をとり、次なるスティーブ・ジョブズのみつけ方、育て方をまとめた本がある。『ぼくがジョブズに教えたこと――「才能」が集まる会社をつくる51条』(飛鳥新社)だ。

ジョブズをみつけるのではなく、ジョブズが自分たちの会社をみつけやすくする。クリエイティブな人が元気になれる環境、その結果会社も元気になれる環境を作らなければならない。次なるジョブズはもう社内にいるかもしれない、そして腐っているかもしれない。

そんな言葉が並んでいる。

ジョブズの成功をうけ、いま世の中には、クリエイティブな人、次なるジョブズを求める流れがある。そう、上司に従順でクリエイティブな「次なるジョブズ」を求める流れが。

この本を読むと、そんな都合のいい話はないことがよくわかる。逆に、小粒でよければクリエイティブな人は意外なほどそのあたりにいる、そういう人をつぶさず、能力を発揮させればいいのだとも。

言うは易く行うは難し。

そもそも日本の場合、子ども時代からして次なるジョブズが育ちにくい。私はクリエイティブとは無縁な人間だが、それでも、中学時代、教えられたのと違うやり方をしていたらしつこくチェック、注意されるなんてことがあった。

親の言うとおりにしろ、先生の言うとおりにしろ、上の人の言うとおりにしろと小さいときから鋳型にはめられて育ち、大人になったらこんどはクリエイティブになれと言われても、正直、困るだろう。もう少し自由にさせたほうがいいのではないだろうか。ただし、風呂には入ったほうがいい。ブッシュネルも風呂に入るといいアイデアが湧くと、露天風呂で会議をしていたほどなのだから。

インド放浪で知った直感力のパワー
アップルの製品開発に多大な影響

アップルの製品は説明書がなくても操作できると言われる。そのとおりだと私も思う。いまのようなパソコンの画面や操作方法はＭａｃｉｎｔｏｓｈから広がった。その登場前はコマンドをたくさん覚えていなければソフトの起動もファイルの確認さえできない世界だった。ｉＰｈｏｎｅはその先を行く。指さえあればマルチタッチで直感的な操作ができる。

ジョブズの真骨頂は、シンプルで直感的なユーザー・エクスペリエンスを提供したことだろう。このすばらしい能力をどうやって身につけたのか。ジョブズが若いときにインドを放浪し、その後禅宗に傾倒したことが大きな役割を果たしたのではないだろうか。

過酷なインド放浪

なぜにインドなのか。

1974年、ジョブズはインドを放浪した。西部の小さな町、ハリドワールを訪れたのは、12年に一度というヒンズー教の祭典「クンブメーラ」の真っ最中。人口10万足らずの町に1000万人を超える人が集まっていた。数カ月のインド放浪は、ジョブズの人生観に大きな影響を与えた　（写真：ゲッティイメージズ）

60年代から70年代にかけては西海岸を中心にカウンターカルチャーが花開いた時期である。欧米になかった考え方を学ぼうという機運があり、ヨガやインド哲学、禅などを学ぶ人が多かった。ジョブズは、そういう環境で多感な思春期を過ごしたわけだ。

だからリード大学に入ると、精神世界や悟りに関する本を読んだり学生寮の天井裏に瞑想室を作って座禅を組んだりした。

なにごともやるとなったらとことんやるのがジョブズ流だ。東洋思想もみずからの血肉にすべく傾倒した。それこそ、インドにまで行ってしまうほどに。

インドの人々の直感力はダントツで世界一

インドでジョブズは托鉢をした。着ていったTシャツとジーンズはだれかにあげてしまい、インドの伝統的な腰布ルンギをまとう。頭も丸めた。そして、廃虚を寝床にしながらインドの精神的中心、北のヒマラヤ山脈に向かう。もちろん腹一杯食べるなんてできない。お腹はいつも空いているし、水にあたって赤痢になったりもした。

途中、ハリドワールという町ではヒンズー教の祭典、クンブメーラにも参加した。人口10万人に満たない小さな町に1000万人以上も集まる12年に一度の大祭だ。

さらに、あちこちの聖人や導師を訪ねた。俗物もいたらしい。おもしろい体験はできたが叡智《えいち》を授けてくれる導師には出会えなかった。

夏に大学時代の友人、ダン・コトケが合流しふたり旅になるころには考えが変わり、苦行、欠乏、質素を通じて悟りにいたろうとしていた。買ったヤギの乳が水増しされていると思って売り手とけんかするなど、悟りの境地にはなかなか達せなかったようだが。

そんなわけで教えを授けてもらうことはできなかったが、体験を通じて学びは得たし、その影響はのちのちまで続いたと『スティーブ・ジョブズ』（講談社）で本人が語っている。「僕にとっては、インドへ行ったときより米国に戻ったときのほうが文化的ショックが大きかった。インドの田舎にいる人々は僕らのように知力で生きているのではなく、直感で生きている。そして彼らの直感は、ダントツで世界一というほどに発達している。直感はとってもパワフルなんだ。僕は、知力よりもパワフルだと思う。この認識は、僕の仕事に大きな影響を与えてきた」

合理的思考は連続だ。AならばB、BならばCと考えを発展させていく。製品開発について言えば、市場調査でユーザーの望みを抽出し、だからこういう製品にしようと進めていく。対して直感は不連続だ。途中をすっとばして結論にいたる。だから、ユーザーがいま必ずしも望んでいない製品を作ることもできる。実際に使ってみて初めて「そうだよ、こういうモノが欲しかったんだよ」とみんなが思うようなものも。

ジョブズの製品開発は後者型だ。ジョブズ自身、自動車を普及させて世界を変えたヘンリー・フォードの言葉「なにが欲しいかと顧客に尋ねていたら、『足が速い馬』と言われたはずだ」を引いてそう認めている。

禅の心でミニマリスト的な美を追究

インドから帰国したあとはサンフランシスコ禅センターで法話と座禅の会に参加するなど禅に打ちこんだ。結婚式も禅宗で執り行うなど、禅との関わりはずっと続いていく。

この禅もジョブズの製品開発に多大な影響を与えている。たとえば「旅こそが報い」と禅の公案のような一言を開発チームのモットーにしたりする。デザインも操作性もけずりにけずってシンプルにするのも、禅が簡素を旨とするからだろう。インドに同行した友人コトケも「ぎりぎりまでそぎ落としてミニマリスト的な美を追究するのも、厳しく絞りこんでゆく集中力も、みな、禅からくるものだ」と証言している。

ああいう製品が生まれたのは東洋思想の影響だというなら同じような製品を日本が作れないのはなぜなのだろう。

我々にとってはそこにあるのが当たり前、ごくふつうのことになってしまっていて、真剣に取り組んだりしないからなのかもしれない。

コンピューターに革命を起こしたMacintoshのGUI

1984年1月24日、Macintosh発売。コンピューターの世界が一変した瞬間である。

パーソナルコンピューターなるものを確立したアップルⅠ、Ⅱを含め、それまでのコンピューターはコマンドをたくさん覚えていなければソフトの起動やファイルの確認さえもできなかった。

Macintoshは違う。絵柄からなんなのかが直感的にわかるアイコンが並んでいて、それをマウスで選んでクリックするだけで使える。いわゆるGUI（グラフィカル・ユーザー・インターフェース）が実装されたのだ。

画期的だった。私も含め、コマンドプロンプトの世界に生きてきた人にとってはとても画期的だった。コンピューターに革命を起こしたと言われるゆえんである。

GUIを発明したのはゼロックス

このGUI、発明そのものは他社である。ゼロックスのパロアルト研究所、PARCだ。ゼロックス本社はGUIをまるで評価していなかったが、ジョブズはひと目見ただけでその真価を理解した。目からうろこがぼろぼろ落ちた、未来のコンピューターのあるべき姿が見えたと『スティーブ・ジョブズ』で本人が語っている。それをMacintoshに搭載して世の中に送り出したわけだ。

成果を横取りした格好である。だから、アップルのゼロックスPARC見学は業界史上最大級の窃盗事件だと言われてもいるし、ジョブズ自身も「優れた芸術家はまねる、偉大な芸術家は盗む」とピカソの言葉を引用しつつその見方を肯定したりしている。のちのち、マイクロソフトがMacintoshをまねてウィンドウズを開発したとき、ジョブズになじられたビル・ゲイツが返した言葉も業界の伝説となっている。

「なんというか、スティーブ、この件にはいろいろな見方があると思います。我々の近所にゼロックスというお金持ちが住んでいて、そこのテレビを盗もうと私が忍びこんだらあなた

1984年に発売された初代のMacintosh。当時はコマンドを打ちこんでコンピューターを動かすのがふつうだったが、Macintoshは机に見立てたデスクトップ画面に文書やフォルダーを置き、それをマウスで操作できるようにした。コンピューターの概念を変える画期的な製品だった　(写真:ゲッティイメージズ)

が盗んだあとだった——むしろそういう話なのではないでしょうか」

念のために申し添えておくと、ジョブズはゼロックス本社の了解を得てＰＡＲＣを見学している。ゼロックスのベンチャーキャピタルからアップルに資本参加したいと要望され、ＰＡＲＣの見学を条件に受け入れたのだ。ＰＡＲＣ自体は、研究成果を盗まれかねないと大反対していたが。

また、ＰＡＲＣが開発した技術そのままではなく、別物と言えるほどブラッシュアップしてもいる。アイデアはＰＡＲＣが発祥だが、それを実用化したのはまぎれもなくジョブズである。

現代のコンピューターはすべてＭａｃｉｎｔｏｓｈの子孫

ジョブズはＧＵＩを磨きに磨いた。

ＰＡＲＣのＧＵＩでは、スクリーン上のウィンドウをドラッグで移動することができなかった。アップルは、ウィンドウやファイルをドラッグできるようにしたし、それをフォルダーにドロップすることも可能にした。ゼロックスのシステムでは、ウィンドウのサイズ変更からファイル位置の変更まで、なにをするにもコマンドを選ぶ必要があった。アップルのシステムでは、スクリーン上のモノに直接触れる、操作する、ドラッグする、位置を変更するなどが可能で、デスクトップというメタファーをバーチャルリアリティーにまで進化させた。

ウィンドウ上部にプルダウンのメニューを用意する、ダブルクリックでファイルやフォルダーを開けるようにするなど使い勝手を高める細かな工夫もたくさん実現した。いまのシステムはどれもＭａｃｉｎｔｏｓｈが原型なのだ。

デザインにこだわるジョブズらしく、見た目も追求した。かっこいいアイコンをたくさん作った。文字がきれいに並ぶプロポーショナルフォントを含め、フォントもたくさん用意した。ゴミ箱もアップルのアイデアである。

どれひとつ取っても開発は大変だったようだ。たとえばタイトルバー。20回以上のダメ出しにもっと大事なことがあるのにと思わずつぶやいた開発担当は「毎日見るものなんだぞ!?ちょっとしたことじゃない。ちゃんとやらなきゃいけないことなんだ」とジョブズにどなられたらしい。円や楕円をさっと描くルーチンができたと大喜びで報告したら、みんなが感嘆するなか、ジョブズだけは「角を丸めた長方形は描けるのか」と渋い顔だったなんてこともあった。開発者がそれは難しい、そこまでしなくてもと言うと、ジョブズはホワイトボードやテーブルトップなど角を丸めた長方形のものを次々と指摘し、さらには外に連れ出してあれもこれもと指摘したという。世の中は角を丸めた長方形に満ちているというのだ。

作るほうは大変だったようだが、そのおかげで我々はすばらしい世界を手に入れることができた。ＭａｃｉｎｔｏｓｈがＧＵＩを広めてくれなければ、コンピューターはいまも一部の人にしか使えないものだったかもしれないし、スマートフォンなど夢のまた夢だっただろう。Ｍａｃｉｎｔｏｓｈはまさしく世界を変えた魔法のようなマシンなのだ。

常識破りのデザイン先行 納まりが厳しく技術者泣かせ

Ｍａｃｉｎｔｏｓｈはさまざまな面でコンピューターの世界を大きく変えた。ＧＵＩで使い勝手が別物になったし、デザインもほかと一線を画すものだった。

ふつうはエンジニアリングがデザインに先行する。つまりエンジニアが仕様や要件を決め、それに合うケースをデザイナーが考える。Ｍａｃｉｎｔｏｓｈでジョブズはこれを逆にした。ケースのデザインを先に決め、そこにボードや部品が納まるよう工夫させたのだ。

まず、上から見た大きさを電話帳以下と決めた。当時としては無理な要求で、エンジニアはみな青くなったという。さらに、全体の雰囲気をクラシックなフォルクスワーゲンビートルのようにするのか、官能的なフェラーリか、はたまたポルシェかメルセデスかと議論していく。車のデザインをイメージしたのは、中古車のレストアを仕事にしていた父親の影響らしい。

ジョブズは、Macintoshの開発にあたって先にケースのデザインを決め、それに合わせてボードや部品を内部に納める常識破りの方法をとった。また、プリント基板で部品がどう並ぶかなど、ユーザーの目に触れない部分にも美しさを求めたという
（写真：ゲッティイメージズ）

コンピューターが親しみやすいとは？

ジョブズはコンピューターに親しみやすさを求めた。コンピューターが親しみやすい――デザインの担当者も最初はなにを言われているのかわからなかったが、ジョブズと議論しながらデザインを進めていくうちにどういうことかわかってきたという。

ジョブズが図面を書くことはない。それでもジョブズなしであのデザインは生まれなかった。だから、Ｍａｃｉｎｔｏｓｈのケースデザインはデザイン担当者ふたりとジョブズ、３人の名前で特許が取得されている。そのひとり、テリー・オヤマは「スティーブのアイデアやインスピレーションがなければ、あのデザインは完成しなかったのです。正直なところ、スティーブに教えられるまで、コンピューターが『親しみやすい』とはどういうことなのか、我々にはわかりませんでした」と述べている。

幅と奥行きが決まっている以上、上に伸ばすしかない。それもあってＭａｃｉｎｔｏｓｈは人の顔っぽくなっていった。一番下の部分は少し引っこませてあり、上品なあごという雰囲気だ。スクリーンの上側は細くした。この部分が広いとクロマニョン人のひたいのようで美しくないとジョブズが考えたからだ。

ジョブズは細部にもこだわった。たとえばケースの角。角はいわゆる面取りを施す。切り落とし、エッジ部分を丸めるのだ。この切り落とす幅や角度、丸める程度などが微妙によくないとジョブズは指摘し、石こう模型の作り直しをくり返し命じた。

面取りに注意しながら改めてＭａｃｉｎｔｏｓｈの写真を見てみると、たしかに、ケースの上下と左右で面取りの仕方が違う。フロッピーディスクのスロット部分も縦と横で面取りが違う。これ以外にも、きっと、根がエンジニアの私などには気づけない細かな違いがたくさんあるのだろう。

見えないところにもこだわったらしい。たとえばプリント基板のパターン。正しく機能すればそれでいいじゃないかとエンジニアに言われても「できるかぎり美しくあってほしい。箱のなかに入っていても、だ。優れた家具職人は、誰も見ないからとキャビネットの背面を粗悪な板で作ったりしない」と譲らなかったという。これもジョブズが父親から学んだポイントである。

シンプルを旨とするジョブズのデザイン哲学

ジョブズのデザインはシンプルだ。ここで言うシンプルとは、『スティーブ・ジョブズ 驚異のイノベーション』（日経ＢＰ）に紹介されている印象派の画家、ハンス・ホフマンの言葉「シンプルにするとは、必要なものの声が聞こえるように不要なものを取りのぞくことだ」の意であり、積極的に攻めた結果のシンプルである。ジョブズ自身は、レオナルド・ダ・ビンチのものとされる表現「洗練を突き詰めると簡潔になる」をよく引いている。『スティーブ・ジョブズ』に書かれているように、ジョブズがインスパイアされたのはバウハウスの流れをくむすっきりと機能的なデザイン哲学だ。バウハウスは１９１９年に設立されたドイツのデザイン学校で、その創設者で初代校長のヴァルター・グロピウスと3代目校長のミース・ファン・デル・ローエは近代建築の四大巨匠に数えられる建築家である。そして、このふたりが世に広めたとされているのが「神は細部に宿る」や「削るほど豊かになる(Less is more)」などの言葉だ。それをジョブズは持ち前のこだわりで追求したわけだ。GUIについても、そして当然ながらデザインについても。

バックパネルの内側にチーム全員のサイン

発売されたMacintoshのケースはバックパネルの内側に、開発チーム全員のサインが刻まれていた。ケースは特殊な工具がないと開けられない。つまり人の目につかないところに、である。「アーティストは作品に署名をいれるんだ」とジョブズが全員にサインさせたのだ。

日本でも、東大寺南大門の隠れたところに墨つぼがみつかり、宮大工の親方がわざと置いたのではないかと言われている。これはというものができたとき、洋の東西を問わず人はそういうことをしたがるのだろう。

「週90時間、喜んで働こう！」寝食を忘れて仕事に打ちこむ

Ｍａｃｉｎｔｏｓｈは史上初と言える機能が山盛りだった。だが当時のマイクロプロセッサー（モトローラ６８０００）は処理能力が低い。そして、このＣＰＵならこのくらいが限界とふつうなら考えるが、完璧主義者のスティーブ・ジョブズは妥協しない。開発は困難を極めた。

過労死レベルの労働時間

このときＭａｃｉｎｔｏｓｈのチームは「週90時間、喜んで働こう！」とプリントしたＴシャツを着て必死で働いた。

週90時間。週5日なら1日18時間（無理。寝る時間がない）、休みなしの週7日で1日13時間だ。対して1日8時間週5日という標準的な働き方は週40時間。つまり、残業が週に50

時間、月200時間のレベルである。

いま、日本で国が過労死を認定する基準は、残業時間が

・発症直前1カ月に100時間ほど

・発症前2～6カ月にわたり月平均で80時間ほど

となっている。月200時間の残業は完全に過労死認定される働き方だ。

karoshiなる単語が英語圏の辞書に収録されているくらいで、日本は世界的に見ても残業が多い。その日本に比べても、Macintoshチームの残業はすさまじく多かった。

なぜそこまで働いたのか

公認伝記『スティーブ・ジョブズ』によると、画期的な製品を作ろうという情熱と、不可能に見えることでもやり遂げられるという信念を、ジョブズに植えつけられたからだ。妥協などしようものならジョブズからクソだ大ばかだとののしられるというのもある。

ジョブズに対するおそれと彼に認められたいという強い想いを原動力に、みな、自分が思

初代Macintoshの主な開発メンバー。マーケティング担当のジョアンナ・ホフマン（後列左から2番目の女性）は、無理難題を突きつけてくるジョブズに臆せず反論し、第1回「よくジョブズに立ち向かったで賞」を受けた。半分冗談の賞だが、ジョブズも気に入っていたらしい　（写真:Norman Seeff）

いもしなかったほどの働きをしたのだ。

のちにジョブズはこう語っている。

「優れた人材を集めれば甘い話をする必要はない……そういう人は、すごいことをしてくれると期待をかければすごいことをしてくれるんだ。A＋のプレイヤーはそういう人同士で仕事をしたがるし、Bクラスの仕事でもいいと言われるのをいやがる。そう、最初のマックチームは教えてくれた。あのチームのメンバーなら誰でも、苦労しただけのことはあったと答えるはずだ」

実際、開発メンバーのひとり、デビ・コールマンは当時をこう振り返っている。

「会議のときスティーブは『この大ばかやろうが。なにひとつまともにできんのか』などとどなっていました。しょっちゅうという感じでしたね。でも、彼のところで働けた私は、まちがいなく世界一幸運な人間だ、そう思っています」

誤解をおそれずに言えば、ここまで打ちこめる仕事に出会えたら幸せだろう。もちろん過労死はまずい。なにがどうであってもまずい。だから、あくまで死なない範囲で、いや、健康を害さない範囲でということになるが、やらされるのではなく、みずからやろうと思う仕事、やりたいと思う仕事に出会い、そこにここまで打ちこめるなどそうそうあることではない。

『スティーブ・ジョブズ』翻訳裏話

自身の話で恐縮だが、私は、『スティーブ・ジョブズ』を翻訳していた3カ月間、平均で週80時間働いた。『スティーブ・ジョブズ』は世界同時発売という縛りがあり、ふつうなら翻訳に少なくとも9カ月はくださいというほど原書が分厚いのに3カ月しか時間がなかったからだ。

共訳にすれば調整に時間がかかるし、その時間を削れば登場人物の性格が揺れるなどの問題がでかねない。だから、1日の仕事時間を限界までのばし、週7日休みなしに翻訳することでなんとかしようとしたのだ。もともと子育てに要する時間的やりくりを家庭内でつけられるようにと会社員をやめて翻訳者になったのに、子どもの面倒も家事もすべて放り出して仕事に専念、である（家族の了解は、一応、事前に取った）。

週80時間仕事すると、月160時間あまり残業した計算になる（ただし、翻訳は自営業なので残業という概念は適用されない）。3カ月走り続けてぎりぎり倒れずにすむペースをめざした結果で、実際、これが体力の限界だった。Ｍａｃｉｎｔｏｓｈチームの週90時間には及ばないが、50歳すぎのロートルにしてはよくやったと思っている。このときの仕事ぶりをふり返って思うのは、「とにかく大変だった。体力面からも気力面からも、家族との関係という面からも、二度とできない。でも、この仕事ができて幸せだった」である。

これはというものを作るために寝食を忘れて没頭する。もちろん体力などと相談して無理しすぎない範囲で、だ。そして、節目を越えたらしばらく休んでさまざまな面のバランスを取る。そういう「働き方改革」もあるのではないだろうか。

引き抜いたスカリーと対立 30歳でアップルを追われる

Ｍａｃｉｎｔｏｓｈはすばらしいマシンだった。ある意味、アップルを代表するマシン、代表する製品と言ってもいいだろう。なにせ、その略称「Ｍａｃ」はアップルのコンピューター名としていまも使われているほどなのだ。

このＭａｃｉｎｔｏｓｈ、ここまで見てきたようにスティーブ・ジョブズがいたから生まれた製品である。だが同時に、ジョブズが失脚し、みずから創業したアップルを追われてしまう原因になった製品でもある。

滑りだしは上々

１９８４年1月24日に発売されたＭａｃｉｎｔｏｓｈは、大きな評判となり、売れに売れた。

蜜月時代のジョブズ（中央）とジョン・スカリー（右）。「一生、砂糖水を売り続ける気かい？ それとも世界を変えるチャンスに賭けてみるかい？」との殺し文句でスカリーをペプシコから引き抜いたジョブズだったが、やがてふたりは経営方針をめぐって対立。ジョブズはアップルから追放される（写真：ゲッティイメージズ）

実はその前年、パーソナルコンピューターの市場は、覇権争いにアップルが敗れ、IBMが勝ったとビジネスウィーク誌が報じる状況になっていた。そのなかで、Macintoshは起死回生、逆転の一打という勢いだったと言える。

ジョブズにとってもそうだった。権限がだんだん縮小されるなど悪化していた社内での立場も復活。Macintoshの部門と別のマシン、Lisaの部門がまとめられ、そのトップに就任することになった。

Macintoshの人気が失速

発売に伴う興奮が収まるとMacint

ｏｓｈの販売は急激に落ちこんだ。ハードウェアに問題が山積みだったのだ。

ＧＵＩは画期的だが処理能力が従来よりずっと高くなければ使いものにならない。であるのに、価格を抑えるため搭載メモリーを少なくしたことなどが災いし、Ｍａｃｉｎｔｏｓｈは処理能力不足でいやになるほど遅かった。ハードディスクがなくフロッピーディスクドライブも1基しか用意されていないのも問題だった。なにかというとフロッピーの入れ替えが必要になるのだ。静かなマシンにしようと冷却ファンをなくしていたので熱暴走しがちで、「ベージュトースター」とありがたくないニックネームまでもらう始末だ。

ジョブズ一流の現実歪曲フィールドも、現実の問題をなかったことにはできない。コンピューターとしての限界が知られるにつれ、売れ行きは落ちていった。

対して販売計画は意欲的だった。発売当初は人気だったたし、現場から上がってくる販売台数の予測数字を大きくしろとジョブズが圧力をかけたりもしていたからだ。

結果、１９８５年3月の販売は計画の10％と悲惨な数字になった。

ジョブズの大規模なリストラも裏目にでた。Ｌｉｓａ部門の4分の1を解雇したのだ。

ジョブズは人間を「神」か「くそったれ」に二分し、くそったれを容赦なく切り捨てる。このやり方は神に分類された人間にさえ不安を抱かせた。祭壇から蹴り落とされればおしまいだ、と。やがて、Ｍａｃｉｎｔｏｓｈの開発メンバーも次々アップルを去るようになり、内部崩壊が始まった。

ジョン・スカリーＣＥＯとの確執

自分が不得意な経営をお願いしようとペプシコから引き抜いたジョン・スカリーＣＥＯとの関係もしだいに悪化していく。

製品に興味を示さないスカリーに失望したこともあり、社内の立場が回復したジョブズは経営にも口をだそうとした。スカリーはスカリーで、下品で自分勝手、他人に意地悪なジョブズに眉をひそめることが増えていく。Ｍａｃｉｎｔｏｓｈの販売方針などでも対立し、会社全体を巻きこんで確執は深まる一方だ。

最後は、取締役会がジョブズ、スカリーそれぞれから話を聞いてどちらを選ぶか裁定することになった。スカリーは、自分に一任かＣＥＯ交代かしか道はないと宣言。取締役会は全会一致でスカリーを支持し、ジョブズの権限を取りあげるタイミングなど、すべてをスカリーに任せることにした。
勝負あった、である。

失脚、そして奇跡の復活

もちろん、そのくらいであきらめるジョブズではない。だが外堀は完全に埋まっていて、なにをしても悪あがきにしかならない。結局、1985年5月には実権のない会長に追いやられ、9月には完全に追放されてしまう。

このとき、ジョブズは30歳。よほどの失敗をしなければ、みずからが創業した会社を追われたりしないだろう。それほどの失敗を30歳でやらかしたわけだが、その後42歳でアップルCEOに返り咲き、希代の名経営者と言われるほどになる。

「30代や40代になっても驚くような作品が作れるアーティストというのはめったにいません」と30歳限界説を唱えていたジョブズ。であるのに、世の中を変える画期的な製品やサービスを次々に生み出したのは、40代から50代にかけてである。

失脚から復帰までの12年間になにがあったのだろうか。

ジョブズを支えた妻ローリーン 半分正気に保つ内助の功

みずから創業し、大成功したアップルを追われたことで、ビジネスの話は一段落ついたので、ここからはスティーブ・ジョブズの私生活、女性関係に焦点を当ててみたい。

高校の後輩、クリスアン・ブレナン

ジョブズの人生に登場した最初の女性はホームステッド・ハイスクールの1年後輩、クリスアン・ブレナンである。卒業直前の１９７２年春に付き合い始め、その夏にはしばらく同棲もしている。クリスアンは絵を描き、ジョブズは詩を書いてギターを弾く。ジョブズの性格が性格なのでけんかも多かったが、幸せな時間だったようだ。クリスアンとは断続的ながらかなり長く付き合い、１９７８年には娘、リサ・ブレナンが生まれている。

このあとの対応は謎だ。観念して結婚するどころか、認知しない、父親は自分ではないと

法廷で争うなどしているのだ。クリスアンと一緒に娘の名前を決めたしアップルで開発するコンピューターをLISAと娘と同じ名前にしたりしているのに。

このときジョブズは23歳。彼の生みの親は結婚を許されず、23歳のとき、生まれたばかりの赤ん坊をジョブズ夫妻のところへ養子に出した。そう、ジョブズは生みの親に捨てられたのだ（本人は、捨てられたとは思っていないと晩年に語っている）。そのジョブズがやはり23歳で父親となり、娘を捨てた。あまりと言えばあまりな運命のいたずらである。

このあたりは彼の人生の汚点として語られることが多いし、本人も、やり直せるものならやり直したいと『スティーブ・ジョブズ』で語っている。

若かったのだろう。ヒッピー、LSDといった言葉に彩られる人生をそこまで送ってきたわけで、まだ、大人になりきれていなかったのではないだろうか。

フォークシンガーのジョーン・バエズ

Macintoshの開発を進めていたころ出会ったのがフォークシンガーのジョーン・バエズだ。刑務所にコンピューターを寄付する慈善団体のトップを彼女の妹が務めていたの

2011年6月、WWDC（世界開発者会議）で基調講演を終えたジョブズをねぎらう妻のローリーン（右）。当時、ジョブズは末期がんで激ヤセ状態だったが、仕事に対する情熱が衰えることはなかった。そんな彼をローリーンは最後まで支え続けた （写真：ゲッティイメージズ）

が知りあったきっかけである。

ボブ・ディランの恋人だったこともあるバエズは41歳と、27歳のジョブズに対してかなりの姉さんなのだが、3年ほど、真剣な付き合いをしたという。

だが一生を共にする話にはならなかった。自分の子どもが欲しいジョブズに対し、バエズは前夫とのあいだにできた10代半ばの子どもがいて、それ以上はいらないと思っていたのが大きかったらしい。

熱愛のティナ・レドセ

ジョン・スカリーとの関係がおかしくなり、アップル社内で立場が悪くなっていく

1985年、30歳のとき付き合っていたのは、ティナ・レドセである。非営利組織にコンピューターを提供するアップル財団でコンピューターコンサルタントとして働いていた彼女をジョブズが見初め、恋人と暮らしているからと断られてもくり返しアタックしたのだ。「いままで出会ったなかで一番美しい女性だ」とジョブズが言うほどの美人。ふたりとも社会になじめないタイプで、熱烈なくせに大げんかばかりしていたらしい。

1989年の夏、34歳のジョブズは彼女に結婚を申しこみ、断られてしまう。恋人ならいいが結婚相手としては、ということだろうか。

生涯の伴侶、ローリーン・パウエル

ティナに結婚を断られたあと、傷心の秋に出会ったのがローリーン・パウエルである。講演をしにスタンフォードのビジネススクールへ行ったとき、新入生のローリーンが来ていたのだが、席が足りなくて関係者席でジョブズの隣に座ったのが、ふたりが出会ったきっかけである。

講演後、ジョブズは、新しく立ち上げたネクストの会議に向かう。だがそのとき「今日が自分にとって最後の夜だったら、会議とこの女性のどっちを取る？」と自問（『スティーブ・ジョブズ 偶像復活』（東洋経済新報社））。ローリーンを選んで会議をぶっちぎったジョブズは、以来、死がふたりを分かつまで彼女と歩むことになる。さすがはジョブズで結婚式までに一波乱も二波乱もあったらしいが。

ジョブズと付き合うのは大変だ。なにかに集中すると恋人も家族も顧みなくなるし、気分の乱高下も尋常でないほど激しい。

ローリーンはあまり表に出てこないのでよくわからないが、芯が強く精神的に安定していて、激しく揺れる嵐のようなジョブズの性格に耐えられたらしい。そして、がんでも手術は拒む、闘病にタンパク質が必要と言われても菜食主義を貫くなど扱いにくいジョブズを辛抱強く支えた。あれほど気性の激しいジョブズを支えるのは、並大抵の苦労ではなかったはずだ。ローリーンでなければ、無理だったかもしれない。実際、彼女だからあの結婚はうまくいったのだとも言われている。

ジョブズ本人も、亡くなる少し前、自宅を訪れた宿敵ビル・ゲイツに「ぼくが半分正気でいられたのは妻のおかげ」と笑って語ったそうだ。

コラム

ふたりのスティーブの仲たがい

気の合ういたずら仲間が高じてアップルの共同創業まで行ってしまったジョブズとウォズはとても仲がよかったわけだが、そんなふたりのスティーブも、仲たがいをしかけたことがある。アップルを起業する前、ジョブズがゲーム機メーカー、アタリの技術者として働いていたときのことだ。

新型ゲーム機を50個よりも少ないチップで製作できたら、削減量に応じたボーナスを出すと社長に言われたジョブズは、（社長の思惑どおり）ウォズに開発してもらうことでチップ数を45個まで減らすことに成功。であるのに、もらったボーナスはすべて自分の懐に入れ、ウォズに分け前を渡さなかったらしい。これにはさすがのウォズも少々腹を立てたようだと、公式評伝『スティーブ・ジョブズ』に記されている。それでもけんか別れにならなかったのは、ひとえにウォズに欲がないからだろう。ある意味、ウォズには、あのジョブズと付きあえる類いまれな才能があったと言える。

COLUMN

2章

復活&飛翔編

~アップル復帰後、奇跡の快進撃~

ジョブズ復活ののろし『トイ・ストーリー』の大成功

意外に知られていないが、スティーブ・ジョブズがいなければ、映画『トイ・ストーリー』などで有名なピクサーは、いま、存在していない。なぜにジョブズがアニメーション？　そう思うのも無理はない。本人からして、もともと、そんなつもりはなかったのだから。

コンピューターの開発会社を立ち上げる

アップルを追放されたジョブズは、自分の力を証明しようとネクストを立ち上げた。教育用・ビジネス用のワークステーションを作る会社だ。

アップルの束縛から解放され、ジョブズは、よくも悪くも本能のおもむくままに行動した。そしてこだわり満載の製品を華々しく打ちだしては、そのすべてで大敗を喫する。

この苦い体験でジョブズは成長した。『スティーブ・ジョブズ』でウォルター・アイザックソンも「アップル復帰後の壮麗な成功をもたらしたのは、ネクストにおけるきらめくような失敗の数々なのだ」と書いている。

しかし、失敗ばかりでは敗者であるとしか評価されない。実績が必要だ。

実はネクストの立ち上げと前後して、ジョブズは、3Dコンピューターグラフィックスの会社を買っている。『スター・ウォーズ』の特殊効果などを担当したルーカスフィルムのコンピューター部門、のちのピクサーである。

満面の笑みで『トイ・ストーリー』のキャラクターを抱く監督のジョン・ラセター。ジョブズはラセターを全面的に信頼し、作品に口をはさまなかった
（写真:ゲッティイメージズ）

買収はアップル追放の数カ月後、価格は1000万ドルだ。3Dコンピューターグラ

フィックスは1978年のパーソナルコンピューターと同じ匂いがすると感じたらしい。

狙いは画像処理に特化したピクサー・イメージ・コンピューターとそのソフトウェアである。ジョブズとしては、コンピューター会社を買ったつもりだったのだ。

だが、3D画像処理用ワークステーションとして売れたのはサン・マイクロシステムズやシリコングラフィックスが作るそこその製品ばかりで、ピクサーのマシンはほとんど売れない。こちらもハードウェア事業は完全に失敗だった。

ジョブズの命運は尽きた――世間はそう見ていた。

アニメ部門のトップを信頼

ピクサーにはおまけがついていた。コンピューターグラフィックスでアニメーションを作る部門だ。マシンやソフトウェアのすばらしさを示すために作られた部署である。

当初はここも儲からなかった。広告界最高峰のクリオ賞を獲得するなどいい仕事をするのだが、なにせ高くてなかなか売れないのだ。

累積赤字が5000万ドルに達してもジョブズはあきらめなかった。コンピューターハードゥェアや営業の部門はリストラしても、アニメーション部門だけは守る。短編映画1本で30万ドルも制作費がかかるのに、すべて私財で支え続けた。

理由は、アニメ部門を統括するジョン・ラセターの才能を高く評価していたからだ。「ジョンがすることにまちがいはないからね」と全幅の信頼をおき、作品に対しても「すごいものにしてくれ。頼んだよ」と言うだけで制作に口ははさまなかった。

こだわりが強いジョブズらしからぬ行動と言えるが、信頼できる人間に任せることの大切さをこのとき学んだのかもしれない。

ディズニーとタッグを組む

ふたりの信頼関係は、1988年、『ティン・トイ』でアカデミー賞短編アニメーション賞を獲得するという大成果を生む。コンピューターで作られたアニメ初の快挙である。

そして、この成功をきっかけに、ピクサーはディズニーと共同戦線を張ることになる。ラセター監督でフルCGの長編アニメーション映画をピクサーが制作し、それをディズニーが配給するのだ。これが『トイ・ストーリー』である。

制作は波乱に満ちていた。

そもそもフルCGの長編アニメーションなど世界初の試みなのだ。技術面だけでも問題山積だった。たとえば、ピクサーには、最終的な画像の生成用だけでパワフルなワークステーションが100台以上も用意されていたが、それでも、絵1枚の生成に45分から30時間ほどもかかる。そういう絵を11万4000枚も生成しなければならない。

ストーリーもディズニー役員の横やりでひどいものになってしまい、半ばで脚本を書き直さざるをえなくなってしまった。また、そのせいで制作費がかさみ、予算交渉で一波乱が起きたりもした。

だが、苦労したかいはあった。1995年11月に公開された『トイ・ストーリー』は、総額1億9200万ドルにせまる全米興行収入をあげ、1995年最大のヒット作となったのだ。これは、アニメーション映画として、ディズニーの『アラジン』と『ライオン・キング』に次ぐ史上3位の成績でもある。

ピクサーにとってもジョブズにとっても、起死回生、奇跡の大成功である。これが、のちのアップル復帰へとつながっていく。

綱渡りのピクサー株式公開舞台裏で支えた名参謀

1995年11月、世界初のフルコンピューターグラフィックス長編アニメーション『トイ・ストーリー』が公開されたわずかに1週間後、ピクサーは株式を公開。累損5000万ドルのピクサーを私財で支え続け、あとがなくなっていたジョブズがビリオネアに返り咲いた瞬間である。

このIPO（新規株式公開）を陰で支えた男が舞台裏を詳しく記した本がある。『PIXAR』（文響社）だ。

波乱のスタート

著者ローレンス・レビーは元弁護士で、株式公開の1年ほどまえ、ピクサーのCFO（最高財務責任者）に就任した。きっかけは会社の立て直しをジョブズに請われたからだが、決断したのは、制作中だった『トイ・ストーリー』の冒頭数分を見たからだ。ジョン・ラセターらの魔法に魅了されたわけだ。

だが、着任したレビーは困惑する。ピクサーは倒れる寸前だった。収益改善の芽などない。事業をどう展開し、どう収益を上げていくのか、その計画さえ立てられない。キャッシュもない。ジョブズがポケットマネーで支えていたくらいなのだから。あるのはただひとつ。「株式を公開したい。いますぐにでも」というジョブズの強い願いだけである。

ないない尽くしでどうするのか。検討を重ねた結果は、アニメーション映画専業のエンターテイメント会社をめざす、だから、『トイ・ストーリー』公開直後に株式を公開する大きな賭に出る、だった。映画成功の勢いでIPOを成功させ、その資金をバックに不平等契約の見直しをディズニーに迫るのだ。寝言は寝て言えというほどのむちゃである。

投資銀行がみつからない

株式公開には窓口となる投資銀行が必要だ。だが、赤字垂れ流しで収益改善のめどさえない会社では引き受け手などみつかりそうにない。なのに、ジョブズは、投資銀行界の絶対王

2019年9月、ニューヨークで公演するローレンス・レビー。1994年から2006年までピクサーのCFO（最高財務責任者）を務めた。奇跡的な成功を遂げた95年のピクサーIPO（新規株式公開）は、この人抜きに語れない（写真:ゲッティイメージズ）

者、ゴールドマン・サックスかモルガン・スタンレーにしろと言う。

当たって砕けろである。

プレゼンはさすがジョブズで完璧だった。ピクサーの見学では短編映画と『トイ・ストーリー』冒頭で両社首脳を魅了。行ける。両社ともに参加という前代未聞のIPOになるかもしれない。

だが最終回答は「時期が悪い。収益改善のめどがたってからにすべき」だった。体のいいノーである。投資銀行としては当然の判断なのだが。

レビーは前の会社のIPOでお世話になった投資銀行、ロバートソン・スティーブンスを頼ることにする。いわゆるブティック型投資銀行で、ハイテク企業のIPOに特化しているため、エンターテイメント業界に強い投資銀行も引きこまなければならない。ハードルは高いがえり好みできる状況ではない。ジョブズも、しぶしぶ承知してくれた。

プレゼン、見学ツアーと順調で担当は乗り気だ。「エンタメ業界についてはこれから勉強する。それでお眼鏡にかなうか」と言われ、レビーは涙が出そうになったという。

最終回答も「やりましょう」だった。

だが実は、検討会を3回も開くなどぎりぎりの判断だったらしい。ジョブズが高すぎる評価をごり押ししていたこと、彼がネクストの経営もしていることを投資家が受け入れるのかなど懸念があったせいだ。それでもやることにしたのは、レビーを信頼したからだった。

その後、ハリウッドの評価が高いアナリストと彼がいる投資銀行も参加してくれることになった。首の皮一枚でIPOの可能性が残ったわけだ。

公開価格の設定でひと悶着

ピクサーなら話題のネットスケープさえ超えられる、会社の価値は20億ドルでもいいと、ジョブズは強気だった。対してレビーは、その4分の1でもできすぎだと手綱を締める。

投資銀行の結論は約5億ドル、公開価格で12ドルから14ドルである。安すぎると渋い顔のジョブズをレビーは必死で説得した。高すぎれば元も子もなくなるからだ。

公開前の会社説明会も高評価で、公開価格を高くできそうな勢いだ。あとは『トイ・ストーリー』次第。映画公開直後の興行成績をジョブズもレビーもじりじりしながら待つ。

奇跡と言えるほどの大成功だった。観客に対する調査の結果をグラフにしたものが上に突き抜けていて、今年最大のヒットになってもおかしくない。

これを受け、ピクサー株は予定よりずっと高い22ドルで売りだされた。取引初日の終値は39ドル。会社の市場価値は15億ドルということだ。その8割を持つジョブズは、資産12億ドルのビリオネアとなった。

レビーはもちろんジョブズにとっても、もっと大事なことがあった。IPOで調達した1億5000万ドル近い現金だ。これをてこに不平等契約の見直しをディズニーに認めさせなければならない。

そんなことが本当にできるのか。ここからジョブズは持ち前の交渉力を発揮。世間をあっと言わせる成果を生む。

不平等契約の抜本的見直し
ディズニー相手に一歩も引かず

「無限の彼方へ　さあ行くぞ!」――東京ディズニーランドの人気アトラクション「バズ・ライトイヤーのアストロブラスター」で建物に入ると、等身大のバズがこう高らかに出迎えてくれる。バズはショップでも人気だ。子どもたちは、自分が寝たら動きだすのだろうかとわくわくしながらバズやウッディを連れ帰るのだろう。

実は映画収益のかなりの部分を関連グッズの売上が占めている。だが、ピクサーがディズニーと結んだ映画制作契約では、キャラクターに関する権利はすべてディズニーのものとなっていた。いろいろと不平等な契約だったのだ。

不平等契約が当たり前の世界

別にディズニーが悪徳という話ではない。長編映画は赤字で終わることが多く、実績のな

東京ディズニーランドのクリスマスパレードに登場した『トイ・ストーリー』のキャラクター。ヒットしたアニメ映画を音楽やテーマパークなどに展開し、収益を挙げるのがディズニーの基本戦略。それだけに、売れるアニメを次々に生み出すピクサーの意向を無視できなくなった
（写真：ゲッティイメージズ）

い無名スタジオに制作予算を出すのはリスキーだ。

だから、万が一当たったときに儲かる部分は、リスクを取るディズニーがもらうよというだけのことだ。

だが10年以上もこの契約に縛られるピクサーにしてみれば、たまったものではない。会社が存続できれば満足という状況を脱して株式公開企業になり、株主の期待に応えなければならなくなったことも大きい。

ディズニーに契約を見直す義理はない

『トイ・ストーリー』が大ヒットしたからといってディズニーに契約を見直す義理はない。逆に、見直さないほうが次作もいい条件で作らせることができていいくらいだ。ピクサーからがっつり学び、契約

が切れたら、みずからコンピューターアニメーションに乗りだす手もある。最高の配給会社だというのもディズニー側の強みだ。そもそもピクサーが一発屋に終わるリスクも残っている。

しかし、ピクサーは経営環境が大きく変わった。まず制作費用をまかなえるお金をＩＰＯで手に入れた。『トイ・ストーリー』が歴史的大ヒットとなり、次作に対する世間的な期待も大きい。次作以降もヒットすれば、ディズニーとの契約が切れたあと、ほかのスタジオといい条件で契約できる可能性もある。「それを避け、ウチと組みたいなら契約の見直しに応じたほうがいいかもよ」とディズニーに言えるわけだ。

ディズニー映画部門のトップだったジェフリー・カッツェンバーグがアニメーションのスタジオ、ドリームワークスを立ち上げたという業界事情もある。ドリームワークスの標的は、当然、ディズニーだ。アニメーションは60年あまりディズニーのひとり舞台だったが、これからはピクサーとドリームワークスが加わって三つどもえの戦いになる。せめてピクサーくらい、味方につけておきたい。さすがのディズニーもそう考えるかもしれない。これも、ピクサーにとっては、有利な交渉材料になりうる話だ。

交渉は難航

1996年2月、ピクサーが再交渉を申しこんだ。制作費用の全額あるいは一部を負担するかわり、これこれを認めてほしいと条件を添えて。

回答は「話しあう用意がある」だった。ディズニーとしては、制作本数を増やしたいという。いい感じだ。

だがそのあと連絡さえ来なくなってしまう。冷遇に不慣れで我慢ならんと切れたジョブズをまわりが必死でなだめる一幕も。つてをたどって内情を探ると、大きな交渉なので準備に時間がかかっているだけだった。

6カ月もの複雑な交渉で大筋が決まり、ピクサーの要求はかなり認められた。クリエイティブな判断はピクサーに任せる。公開時期はディズニー制作の映画と同列で有利な時期にする。収益は正しく折半する。破格と言えるディズニーの譲歩だ。

ただ一点、ピクサーをブランドにする点は拒絶された。映画ではディズニーの横にピクサーの名前も出す、関連グッズもディズニー、ピクサーの連名にする。ここを認めるとピクサーの力が大きくなりすぎるかもしれないからダメというのだ。

どうするか。収益が4倍になるならいいと妥協するか、ブランド化にこだわって交渉をけるかの2択だ。

ピクサー幹部の意見はすぐにまとまった。こだわる、である。こうして契約の見直しは白紙に戻ってしまった。

奇跡の大逆転

年明け、ディズニーから連絡が入る。ピクサー株を買う権利がもらえるなら、つまりブランド化の果実を自分たちも手にできるなら、ブランド化を認めるという。けんか別れは得策でないと判断したのだろう。ピクサーにすれば願ったりかなったりである。

それからひと月あまり、細かな詰めを経て、5本の映画を共同製作する異例の10年提携契約が完成する。奇跡の大逆転である。

このあとジョブズは、ディズニーストアを通りかかるたびバズやウッディの人形を手に取り、タグにディズニーとピクサーのロゴが並んでいるのを見てにんまりしていたという。

小が大を飲みこみ、ジョブズがディズニーの筆頭株主に

1995年、『トイ・ストーリー』の大ヒットでIPOを成功させ、その勢いに乗じてディズニーと対等な契約を結び直したピクサーは、その後、10年近く破竹の勢いで進んだ。『バグズ・ライフ』、『トイ・ストーリー2』、『モンスターズ・インク』と、出す映画、出す映画すべてが大ヒットしたのだ。『ファインディング・ニモ』にいたっては世界全体で10億ドル弱とアニメーション映画の興行記録を更新。その次の『Mr．インクレディブル』も、『トイ・ストーリー』の2倍近い成績をたたき出した。

一方、ディズニーは不振にあえいでいた。90年代半ばまでは『リトル・マーメイド』、『美女と野獣』、『アラジン』、『ライオン・キング』など続々とヒットを飛ばしていたが、95年からの10年は大型アニメがみな大コケし、アニメーション事業で巨額の赤字を出すようになっていたのだ。

ディズニー中興の祖、マイケル・アイズナー

当時、ディズニーのトップはマイケル・アイズナーである。1966年にウォルト・ディズニーが亡くなったあと、右肩下がりになったディズニーを立て直した中興の祖だ。

アイズナーはテーマパークを活用して事業を立て直したほか、テレビ局ABCの買収で多角化を進めるなど経営に手腕を発揮した。ただ独裁的で、社内に波風が立つことが多く、伝統を無視していると創業者一族から批判もされた。アニメの不振も、制作を指揮していたジェフリー・カッツェンバーグがアイズナーと衝突していなくなったことが大きい（アイズナーに映画制作の才がなかったことも理由のひとつだ）。社外の人間に対しても高圧的だったという。

2002年、そのアイズナーとジョブズのあいだで共同製作契約の更新交渉が始まった。アニメが不振のディズニーはなんとしても契約を更新したい。対してピクサーは強気で、続編も含めて製作はすべてこちらがやる、ディズニーは単なる配給会社になれと要求。交渉は難航した。

ふたりとも強情で譲歩をよしとしない。「もうすぐ公開の『ニモ』を見たがいまいちだ」とアイズナーが言えば、ジョブズも「このところディズニーアニメは駄作ばかりだ」とやり返す。結局、交渉は決裂してしまった。当然だろう。

ボブ・アイガーのトップ就任でディズニーの状況が一変

そうこうしているうちにアイズナーが失脚し、副官ボブ・アイガーのＣＥＯ昇進が決まる。

ディズニー番組のiTunes配信を発表する壇上で握手を交わすジョブズとボブ・アイガー（右）。アイガーはディズニーのアニメが振るわないことを正直に認め、ピクサー買収を打診した。この率直な姿勢がジョブズの琴線に触れた　（写真：ゲッティイメージズ）

そのアイガーは、CEO就任直前の2005年9月、香港ディズニーランドのオープニングセレモニーに列席し、ショックを受けた。過去10年で増えたディズニーキャラクターがすべてピクサー映画のものだったのだ。

帰国すると取締役会で熱弁を振るう。

「アニメの成否は会社の成否です。アニメ映画がヒットすれば、パレードのキャラクターから音楽、テーマパーク、ビデオゲーム、消費者製品など全社の事業に波及効果が生まれます。この波がなければ会社は存続できません」

選択肢は三つ。①現状の経営陣でアニメーションを立て直す、②アニメーションの経営陣を入れ替える、③ピクサーを買収する、だ。アイガーが推すのはもちろん③である。反対の声も強かったが、最終的にはピクサー買収が承認された。

誠実なアイガーにジョブズが応える

アイガーは、彼一流のやり方でジョブズを攻めた。香港ディズニーランドの〝気づき〟からピクサーが必要だと思うようになったと正直にぶつけたのだ。

これがジョブズの琴線に触れた。

「これだよ。最初にぜんぶしゃべってくれた。交渉の第一歩としてこんなばかな手はないよね。手札をさらして『うちはもうだめだ』と言うなんて。でも、だからこそ、彼が気に入ったんだ」

翌２００６年の1月24日、ピクサーを74億ドルで買収するとディズニーが発表。支払いは株式だ。つまりジョブズがディズニー株の７％を持つ筆頭株主になる。

この買収でジョブズとアイガーが重視したのは、ピクサーの創造性を殺さないこと、加えて、その創造性でディズニーアニメを再生することだ。だから、ピクサーがディズニーを買収したとしか思えない人事になった。ジョン・ラセターがディズニーとピクサー両社のチーフ・クリエイティブ・オフィサーを拝命するとともに、テーマパークのプリンシパル・クリエイティブ・アドバイザーにもなったのだ。ピクサーのもうひとりの幹部、エド・キャットムルも両スタジオの社長に就任。小が大を飲みこんだと言われるゆえんである。

このあとディズニー事業は評価が急上昇し、ほんの数年で4倍近くまで株価が急騰する。異例の企業買収は当代有数と言えるほどの成功を収めたわけだ。

どん底のアップルを救えるか 迷い、悩み、ためらった復帰

ジョブズはピクサーで大成功したあとの1997年、古巣のアップルに復帰。iPod、iPhone、iPadなどの大ヒット商品を次々世に送り出し、希代の経営者とたたえられた。

だが、この復帰、実は迷いに迷った末の決断だった。そう、実はこのとき、ジョブズがアップルに戻らないという未来もありえたのだ。

腐ったリンゴ

85年にジョブズを追放したあと、ジョン・スカリーCEOは「市場主導」戦略を掲げた。ジョブズのように市場を牛耳ろうとするのではなく、顧客の声に耳を傾けようというのだ。開発も、エンジニア主導から営業とマーケティングがリードする形にした。堅実な経営手法

1996年12月20日、約250人の社員を前に、アップルCEOのギル・アメリオ（右）がネクストの買収とジョブズの復帰を発表した。ただしジョブズの肩書は「非常勤のアドバイザー」という中途半端なもの。本格的に復帰する踏ん切りがついていなかったのだ　（写真:ゲッティイメージズ）

かもしれないが、開発陣の士気はだだ下がりである。

一方、ライバルのマイクロソフトは、何年もかけてＭａｃｉｎｔｏｓｈのＧＵＩを複製するとウィンドウズをリリース。市場シェアを急速に伸ばしていった。

それと反比例するように、アップルのシェアは沈んでいく。ＣＥＯがスカリーからマイケル・スピンドラー、ギル・アメリオと代わっても事態は好転しない。ジョブズ追放の直後に16％だったシェアは、ついに４％まで低迷。破産申請も視野に入れつつ身売り先を探すまでになってしまった。

鍵はオペレーティングシステム

アップルが抱えていた最大の問題がオペレーティングシステムだ。いいかげん古くなっていて、ウィンドウズ95ができるマルチタスクにも対応していない。根本的な改修が必要なのに、開発はめどさえたたない。自社開発が無理なら社外から導入するしかないだろう。

OSの調達先としてサンやマイクロソフトも候補に挙がったが、最後に残ったのは、昔アップルにいたジャン＝ルイ・ガセーが興した会社、ビーと、ジョブズのネクストだった。

この交渉でジョブズは、OSのライセンス供与でもネクスト売却でも、あるいはほかの形でもと柔軟な姿勢を見せている。だが本音は、会社そのものを売ってしまいたい、だった。

OSの選定は、ネクストの技術力と現実歪曲フィールドにより、対ビーでも対アップルでもジョブズが圧勝した。アップルがネクストを買収することになったのだ。だがその後、ネクスト売却価格の交渉で、ジョブズは無理を言わず、妥当な条件にさらっと同意している。同じ時期、ピクサーCEOとしてディズニーと激しく交渉していたのと対照的だ。

また、このときジョブズは、人材に重きを置いて交渉している。一番の宝はネクストの人材だと徹底的にアピールし、腹心の部下ふたりをそれぞれアップルのソフトウェア部門とハードウェア部門を率いる立場にすえさせたのだ。お山の大将だった若いころとは様変わりだと言えよう。

復活を迷うジョブズ

腹心の部下ふたりの人事については、ジョブズがアップルのトップに返り咲く布石だった、このあとの展開はすべてジョブズの思惑どおりだったと言う人もいる。

現実は違う。買収後はオペレーティングシステム開発の統括をとアメリオに請われたのに非公式のアドバイザーにならなってもいいと断るなど、すごく消極的だったのだ。アップルの経営権を掌握したいなら敵対的買収の資金を用意するよと友人でオラクル会長のラリー・エリソンに持ちかけられたこともあるが、これも断っている。

「アメリオは底抜けのまぬけだ」と批判するが、じゃあ、きみがトップになればいいと言われると口ごもる。そのくらい迷っていた。

煮え切らない態度の裏には、いろいろな思いがあったようだ。

ピクサーCEOという立場に満足していたし、株式公開企業2社のCEOなどできるのかという不安もあった。2社も経営すれば家族との時間も減る。アップルはめちゃくちゃで、生半可なことでは立て直せない。立て直せる自信など持てるはずもない。同時に、そんなアップルが心配でたまらない。考えれば考えるほどどうすればいいのかわからなくなり、迷路にはまっていく。

そんなジョブズに踏ん切りをつけさせたのはインテルCEOのアンディ・グローブだった。土曜の早朝、ジョブズにぐだぐだぐだぐだ相談され「スティーブ、アップルがどうなろうと私の知ったことじゃないよ」とキレたのだ。そう言われてようやく、そうか、自分はアップルが大事なんだ、作ったのは自分だし、あったほうがいい会社だもんなとジョブズは気づき、心が決まったという。

かくしてジョブズは「アップルというチームを率いるアドバイザー」という立場でアップルの前線に復帰する。幹部社員を集めた復帰発表の集会で、さっそく、「問題は製品にある。製品はボロボロ！　セクシーじゃなくなってしまった！」とジョブズ節がさく裂。社内に熱気を取り戻すのろしが上がった。

ボンダイブルーのｉＭａｃ 半透明デザインが社会現象に

「問題は製品にある。製品はボロボロ！ セクシーじゃなくなってしまった！」――アップル復帰の第一声でジョブズがずばり指摘したとおり、当時のアップルは、製品ラインアップが悲惨なことになっていた。

Ｍａｃｉｎｔｏｓｈだけでも10種類あまりと種類が増えすぎていたのだ。ジョブズでさえ、説明をくり返し受けてもなにがどうなっているのか理解できない。「友だちに勧めるとしたらどれにすべきなんだい」と尋ねても明快な答えが返ってこない。

業を煮やしたジョブズは、表の横軸が消費者用とプロ用、縦軸がデスクトップとポータブルの2×2、合計4機種に絞ると言いだした。選択と集中はよく用いられる戦略だが、いくらなんでも極端にすぎる。現場も取締役会もあぜんとしたが、ジョブズは強硬だった。

そして社内資源を集中的につぎこんだのが、消費者向けデスクトップのｉＭａｃである。

この開発にあたり、ジョブズは四つの目標を掲げた。
・キーボードとモニターとコンピューターが一体化したシンプルなデザインとする
・箱から出したらすぐに使えるオールインワンの製品とする
・目を引くデザインでブランドを訴求する
・価格は1200ドル程度とする
オールインワンの消費者家電とした1984年の初代Macintoshに立ち返ろうというわけだ。

デザイン先行の開発

ジョブズは、半透明な涙滴型デザインに目をつけた。実は斬新すぎると前CEOのアメリオが手を出さなかったものだ。そのころコンピューターといえば、ベージュの四角い箱と相場が決まっていた。キャンディのようなパソコンなんて冒険にもほどがある、と二の足を踏んだわけだ。

そのモックアップを抱えて社内をめぐり、仕様を詰めていく。あちらもこちらも反対の大

1998年8月発売の初代iMac。本体、キーボード、マウス、果ては電源ケーブルまで半透明のデザインで統一。色は、オーストラリア、ボンダイビーチの海にちなんで「ボンダイブルー」だ。iMacはアップルの経営危機説をふき飛ばす大ヒットとなった
（写真：ゲッティイメージズ）

合唱だった。エンジニアからは、できない理由が38項目も挙がってきたという。「それでもやれ。僕がやると言うのだからやれ」とジョブズは押し切った。

当然、コストがかさむ。ケースだけでも60ドル以上と相場の3倍もする高いものになってしまった。ふつうなら、そのデザインで売上が増えるのかなど大論争になるところだが、ジョブズは気にしない。

ケース以外も凝りに凝った。キーボードもマウスも専用品をデザインした。電源ケーブルも半透明で、内部の絶縁シールドが本体にマッチしたカラフルなものだ。ネットワークにつなぐケーブルさえ半透明の専用品である。

いまでも、初代ｉＭａｃと言われるとボンダイブルーに染められた半透明部分が頭に浮かぶだろう。

全体はインテリア風なのに、よく見ると、なかのメカメカしい部分が透ける絶妙なデザインだ。正面は意外におとなしい。作業に集中できるよう、シンプルにしてあるのだ。ケーブルのコネクタなどはすべてカバーされていて、背面もすっきりしている。家庭やスモールオフィスなど、オープンな空間に置いたとき、背面で魅せるためだ。マシンのてっぺんにはハンドルが埋めこまれている。人に従うマシン、親しみやすいマシンだと訴えるデザインである。

実は初代Ｍａｃｉｎｔｏｓｈも背面すっきりならてっぺんが取っ手になってもいる。デザイン的にも原点に立ち返ったと言えるだろう。

大成功で社会現象になる

製品発表では見せ方にとことんこだわった。特に腐心したのは、半透明のボディを美しく見せることだ。

日本へのお披露目では「ｉＭａｃを一番美しく見せるのはこの機器だ、ミリ単位で再現しても微妙に狂う」と展示機器を日本で作ることは許されず、わざわざサンフランシスコから船便で運ぶはめになったと、当時、アップル日本法人のマーケティングコミュニケーション部長だった河南順一が証言している（『スティーブ・ジョブズは何を遺したのか』（日経BP）。

発売は1998年8月で価格は1299ドル。発売日には世界各地で行列ができたし、6週間で30万台弱、年内に80万台とアップル史上最大のヒット商品となった。しかも購入者の32％がコンピューターを初めて買う人、12％がウィンドウズマシンを使っていた人だったという。その訴求力には驚くばかりだ。

iMacの人気はすごかった。その雰囲気を模した雑貨や文具が生まれるなど、世界各地で社会現象を巻き起こすほどに。アップルはかつての輝きを取り戻したと言えよう。

さて、ここまで、ジョブズが旗を振りまくって画期的な製品を開発し、そのおかげでアップルが復活したかのように書いてきた。初代Macintoshの成功体験をくり返したかのように。

そういう面もたしかにあるのだが、このときはそれに加え、経営者としてもすばらしい働きをしている。復帰の前と後で一番変わったのは、経営者としての力量なのだ。

ティム・クックとジョニー・アイブ ふたりの才能を見いだした眼力

1998年8月のiMac発売でアップルは立ち直った。だが実のところ、その前に黒字化を果たしていたことはあまり知られていない。ジョブズというと製品開発やプレゼンばかりが取りあげられるが、アップル復帰後は経営者としても豪腕を発揮しているのだ。

ギル・アメリオがいるあいだは、さすがのジョブズも経営にあまり口をはさまずにいた。だが、取締役会に引導を渡され、アメリオが7月にCEOを辞任すると、ジョブズは、「アップルチームを率いるアドバイザー」という中途半端な立場のまま、実質的にCEOの役割を果たすようになる。

ストックオプションの洗替え

最初にしたのがストックオプション（自社株購入権）行使価格の引き下げだ。株価の大幅

ジョブズの腹心、ジョニー・アイブ（左）とティム・クック。アイブはジョブズとデザイン哲学を共有し、二人三脚で画期的な製品を次々に生み出した。クックは壮絶な物流改革でアップルの企業体質を根本から刷新。ジョブズから経営を引き継ぎ、現在もCEOを務めている
（写真:ゲッティイメージズ）

下落で失われたオプションの価値を回復し、優秀な社員の流出を食い止めるのが目的である。

経営に乗りだした週に電話で取締役会を開き、これを提案。「合法だが、法的・財務的な検討に2カ月かかる」が取締役会の回答だった。

「すぐ承認してくれないなら僕は降りる。もっと難しい案件が山のようにあるのに、取締役会が支援してくれないのではどうにもならない。『スティーブに経営再建は無理だったんだ』と僕を悪者にすればいい」

ジョブズは、こう押しきった。

取締役会の総入れ替え

このやりとりで、ジョブズは取締役会を見限った。

「会社がぐちゃぐちゃの状態で取締役会の乳母役までやってるヒマはない。取締役は全員、辞めてくれ。そっちが辞めないなら僕が辞める」

本来、経営の監督をするのが取締役会である。その取締役会を経営者（でさえないはずの人間）の一存で総取っ換えする。株式公開企業では暴挙と言える。しかも、取締役会の権限が強い米国で、だ。だが、ジョブズに出ていかれたらアップルは立て直せない。取締役はみな辞任した。

新しい取締役は、優秀だがジョブズに逆らわない人ばかりだった。

クック主導の壮絶な物流改革

ジョブズが復帰したとき、アップルの倉庫には2カ月分の在庫があった。利益が5億ドルは減ってしまう量だ。これを1年で半分に減らした。販売チャンネルも、中間層をなくすなど整理する。どの製品がどれだけ売れているのかも、代理店経由で報告させることにした。需要を予測し、製造・物流に役立てるためだ。

嵐の改革に耐えられず、業務のトップはジョブズ復帰から3カ月で退職。後任には、それから1年をかけてティム・クック（現アップルCEO）をみつけて充てた。

クックはすご腕だった。主要サプライヤーを100社から24社まで絞りこみ、取引継続と引き替えに都合のよい条件を飲ませるとともに、アップル工場のすぐ近くに拠点を置くよう求める。19カ所あった倉庫は10カ所を閉鎖。置き場が減れば在庫を減らさざるをえなくなるからだ。

在庫は1998年9月には6日分、その1年後には2日分まで減った。瞬間風速では15時間分ということもあった。4カ月だった製造工程も2カ月まで縮んだ。

デザインの魔術師、アイブ

復帰から2カ月半ほどでジョブズは暫定CEO（iCEO）になった。そんな彼が社内に発破をかける姿を見て、退職を考え直したのが、デザインチームを率いる30歳の英国人、ジョニー・アイブだ。

アイブは銀細工師だった父親のもと、手が生み出す美しさに囲まれて育った。デザイナーとしてのルーツは学生時代に出会ったMacintosh。そんなことからアップルに職を得たのだが、アメリオはデザインを評価してくれない。エンジニアが作った「内臓」を収める箱を作る仕事などもうやめよう。そう思っていたのだが、ジョブズのもとでなら、自分がしたい仕事ができそうだと思いなおしたのだ。

ジョブズは、当初、世界的なデザイナーを招こうと考えていた。だが、社内でアイブに出会い、考え方が似ているとアイブを重用する。

深く掘りさげて製品の本質を理解し、複雑さを整理して秩序をもたらせば、真にシンプルなものができる、人を尊重する製品にできる——ふたりともそう考えていた。ボンダイブルーのｉＭａｃも、もともとアイブがアメリオに提案し、却下されたのをジョブズが採用したものだ。ジョブズとアイブは、このあとも、ジョブズの直感をもとにアイブが緻密にデザインを作りこんでいくという形で次々とヒット作を世に送り出していくことになる。

徹底した物流改革で企業体質を変えたクックと斬新なデザインで画期的な製品を生み出したアイブ。ふたりの才能を見いだし、信頼して任せるのは、20代のジョブズにできなかったことだ。ピクサー時代につちかった、部下を信じて任せる能力が、アップル復帰後、花開いたのである。

1000曲をポケットにアップルらしさを確立したiPod

「こんなに小さいのに1000曲も入るし、ポケットにいれて持ち歩くことができるんだ」

2001年10月23日、ジョブズはこう言うと、ジーンズのポケットから真っ白に輝くiPodを取り出し大喝采を浴びた。

これをきっかけに、音楽の聴き方が一変し、音楽業界も根底から変わっていく。アップル社がコンピューターメーカーからテクノロジー企業へと変貌し、企業価値で世界一になっていく第一歩でもあった。

開発中の記憶媒体を押さえる

音楽を持ち歩いて聴くというアイデアは古くからある。有名なのは、1979年に発売されたカセットテープタイプのウォークマンだろう。

デジタル時代になるとデジタルフォーマットの曲を再生できるポータブル音楽プレイヤーがいくつも登場した。だがどれもできがよくない。記憶できる曲数が十数曲と少なかったり、音楽プレイヤーに曲を転送するのが難しかったりしたのだ。

だからアップルらしい音楽プレイヤーを作れと、ジョブズは、2000年の秋ごろに言い始めた。

最大の問題は、楽曲データの保存方法だ。超小型で使い勝手のいい大容量記憶装置がまだなかったのだ。ダイナミックRAMにすれば安く作れるが、バッテリーが切れたら楽曲も消えてしまう。曲数も限られてしまう。メモリーカードを抜き差しする形ならカードさえ増やせばたくさんの曲が持ち歩けるし、楽曲が消える心配もない。だが、構造も使い方も複雑になってしまう。

解決したのは、開発責任者のジョン・ルビンシュタインである。2001年2月、東芝との定例ミーティング中、雑談で「1・8インチ、5ギガバイトの超小型ハードディスクドライブがもうすぐ完成するのだが、用途が思いつかなくて」と東芝のエンジニアに言われ、ピンと来たのだ。

チェコ・プラハのアップル・ミュージアムに展示されている初代iPod。中央にホイールが1つ、上下左右に合計4つのボタンしかないシンプルなデザインだ。キャッチフレーズは「1000曲をポケットに」だ。音楽業界を変える記念碑的な製品となった（写真：Anton Ivanov／Shutterstock.com）

ちょうどジョブズも東京マックワールドで来日している。すぐさまジョブズの定宿、ホテルオークラへ飛んでいった。

「必要な部品がようやくみつかりました。1000万ドルの小切手さえあれば大丈夫です」

こう言われたジョブズはその場で決断。さすがである。

機能を絞ってシンプルに

開発方針を決める企画会議でもジョブズ流がさく裂した。大きな特徴となるスクロールホイールの提案に「それだ！」と叫び、即決したのだ。

ジョブズは、iPodの開発に深く関わった。要求は「シンプルにしろ」だ。

ユーザーインターフェースをひとつずつチェック。曲でも機能でも3クリック以内でたどり着けなければならないし、どこをクリックすべきか直感的にわからなければならない。どうすればたどり着けるかわからなかったり4クリック以上必要だったりするとどやしつける。

開発チームを率いたトニー・ファデルによると、可能なかぎりのユーザーインターフェースを試したと思っていると、「こういう方法は考えたか?」とジョブズに言われ、目からうろこが何度も落ちたそうだ。

機能も最低限に絞った。そのほうが使いやすくなるとジョブズが考えたからだ。

プレイリストの作成機能もなくした。iTunesで作り、iPodに転送すればいいというわけだ。ハードとソフト、さらには、製品群全体を統合的に考えるジョブズならではの発想である。

オンオフのスイッチもなくした。使うのをやめれば休止状態になり、キーに触れると使えるようになる。それで十分だから、というのがジョブズの考えだ。この決断には、アップル社内にも驚きが走ったという。

こうして従来品とは比べものにならないほどシンプルで使いやすい製品が生まれた。

デザインは、文化的な重みが感じられるものにしたいとジョニー・アイブがこだわりぬいた。本体もイヤホンもコードも電源も、すべて、ピュアホワイト。落ちついているのに存在感が強い。ピュアで静かなのに、大胆で人目を引き、なおかつ、とても地味でもある。

ピュアホワイトの存在感は広告にも生かされた。iＰｏｄを聞きながらダンスをしている人のシルエットだ。iＰｏｄ本体と白いイヤホンコードのうねりが印象的で目を引く。見ているとワクワクして、音楽が聴きたくなってしまう広告だ。

３９９ドルは高すぎるとの意見もあったが、iＰｏｄはすぐ大ヒットになった。

宿敵ビル・ゲイツも脱帽

このiＰｏｄをニューズウィーク誌のスティーブン・レヴィ記者に見せられたビル・ゲイツはしばらくいじったあと、こう言ったという。

「これはすごい製品だと思う」

困った顔だ。

「これは……Ｍａｃｉｎｔｏｓｈ専用なのかい？」

音楽と技術の交差点に立ち音楽業界をひっくり返したジョブズ

「やられたよ」

音楽配信の「ｉＴｕｎｅｓストア」をアップルが発表した２００３年４月28日、マイクロソフトのウィンドウズ開発担当役員、ジム・オールチンは４人の役員にメールを送った。全文はわずか２行。もう１行にはこう書かれていた。

「どうやって音楽各社を巻き込んだんだ?」

自社のことしか考えずばらばらだった大手音楽会社が呉越同舟でｉＴｕｎｅｓストアに乗る——音楽業界の構図が根底からひっくり返る話で、マイクロソフトならずとも首をひねったはずだ。

スティーブ・ジョブズでなければ実現できなかった離れ業である。

携帯音楽プレイヤーのｉＰｏｄが発売された２００１年ごろ、音楽の世界では、ナップス

iTunesストアの販売曲数は驚異的なスピードで伸びた。初年度に7000万曲を超え、3年後には10億曲を突破。10億曲目を購入した米国ミシガン州在住の少年(16歳)には、ジョブズ本人からお祝いの電話があったほか、iPod10台、iMac1台、1万ドルのミュージックギフトカードが贈られた

ターなどのファイル共有ソフトを使った海賊版の無料ダウンロードが猛威をふるっていた。

これに対抗するため音楽業界は、デジタル音楽のコピーを防止する技術の標準化を進めた。これが成功していれば、音楽会社がそれぞれにオンラインストアを展開する世界線に入っていたかもしれない。だが、大手のソニーが離反。使用料が徴収できる独自規格を選んだのだ。

結果、世の中の音楽はほぼ二分されてしまった。しかも、両方とも購読制で、解約すると曲が楽しめなくなる。著作権管理などからいろいろとややこしい制限もあればインターフェースも不細工。これでは普及などするはずがない。

技術を愛する人々と音楽を愛する人々のあいだに深

い溝があり、そこが根本的な問題なのだとジョブズは見抜いた。そして、その両方が大好きで、両者の橋渡しができる自分はきわめて珍しい人材であることも。

まずはレコード会社を説得しなければならない。音楽のオンラインストアを自分たちで展開するよりアップルに任せたほうが得だよ、と。

ジョブズは、楽曲の管理や再生、ｉＰｏｄへの転送などを行うｉＴｕｎｅｓにダウンロード購入の機能を追加し、ｉＴｕｎｅｓストアとした。このデモを武器に、ワーナーミュージック、ユニバーサル・ミュージックと1社ずつ口説き落としていく。

ｉＴｕｎｅｓストアは必要な機能がそろっているのにすっきりしていて使いやすい。音楽会社にとっては安全な仕組みになってもいる。音楽と技術の交差点に立っているから作れたソフトウェアで、音楽会社に開発できるものではなかった。

1曲99セントのお値打ち価格

楽曲の売り方も独創的だった。従来のアルバム単位をやめ、曲単位のばら売りとする。価格は衝動買いができる1曲99セント（音楽会社の取り分は70セント）に統一した。

人気曲との抱き合わせ販売で収益を上げていたミュージックレーベルは、もちろん、強く反発した。アーティストからも、アルバムにしたとき歌と歌が支えあう、そういう曲作りをしているなどと反対の声が上がった。

ジョブズは引かない。曲単位で手に入れられる海賊版にアルバム単位の販売で対抗できるはずがない、四の五の言える状況ではないと説き伏せたのだ。

最後まで抵抗したのはソニーだった。

音楽が売れればｉＰｏｄも売れるのだから、ｉＰｏｄ収益の一部を音楽会社に渡せとがんばったのだ。だが、業界の足並みをそろえることができず、結局、アップルの軍門に降らざるをえなかった。

アーティストも説得

ｉＴｕｎｅｓストアで曲単位の販売を実現するには、アーティストの同意も取り付ける必要があった。でも、デジタル配信やアルバムのばら売りを許さないアーティストも少なくなかった。だから、ボノ、ミック・ジャガーなど有名アーティストをひとりずつ口説き落としていく。

大変な仕事だ。「スティーブでなければ、あのあたりのアーティストを説得するなどとてもできなかった」と、ワーナーミュージックのトップ、ロジャー・エイムズをして言わしめたほどである。

このような努力が実を結び、ｉＴｕｎｅｓストアは20万曲でスタートすることになった。リアル店舗と同じようにさまざまな音楽会社の曲がそろっている。違法ダウンロードという形で盗むのではなく、安く、簡単に高品質の音楽を買えるようになったのだ。

ｉＴｕｎｅｓストアの責任者、エディ・キューは、立ち上げから6カ月で１００万曲が売れると予想した。現実は６日で１００万曲だった。盗まなくてもいい仕組みを用意すればユーザーは買ってくれる。ジョブズが予想したとおりだった。

ジョブズがいなければ音楽業界はいまも大混乱で、ストアも各社ばらばらなら、音楽もがちがちのコピープロテクトがかかっているなど、使い勝手がすごく悪いままだったかもしれない。

ジョブズが亡くなって13年。彼ほどの行動力を持つ人はいまだに現れていない。

ソニーとアップルの違い ユーザー目線を貫いたジョブズ

1979年、ウォークマンが発売され、若者に大人気となった。学生だった私も愛用したひとりである。ソニーが開発したポータブルプレイヤーで音楽の楽しみ方が一変したのだ。それだけに、ソニーの関係者は、iPodとiTunesストアの快進撃にくやしい思いを強く抱いたことだろう。

ソニーには必要なものがすべてそろっていた。かっこいい製品を作る消費者家電部門もある。ボブ・ディランなど人気アーティストを抱える音楽部門もある。あれはウチが作っていてよかったものだと多くの人が思ったはずだ。

だが作れなかった。アップルがお手本を示してくれたあとでさえ、結局、いまいちなものしか作ることができなかった。

なぜ、アップルにできたことがソニーにはできなかったのだろうか。

部門同士の争いと共食い

まず、会社の体制が大きく違う。

ソニーは部門ごとに独立採算となっている。その結果、各部門が自分たちの利益を守ろうとしがちになり、会社全体でエンドツーエンドのサービスを作ることができなかった。独立採算だと、部門が連携して相乗効果を生むのは難しいのだ。

これに対してアップルは、すべての部門をジョブズがコントロールしていた。全体がまとまり、損益計算書がひとつの変幻自在な会社となっていたのだ。現CEOのティム・クックも「アップルには、損益計算書を持つ『部門』はありません。会社全体で損益を考えるのです」と語っている。

体質の違いは外から見てもわかるほどだった。たとえば米国ユニバーサル傘下のレーベル、インタースコープ・ゲフィン・A&Mのチーフ、ジミー・イオヴァインも「アップルの場合、協力しない部門は首が飛びます。でもソニーは部門同士が争っていました」と証言している。

2005年1月のマックワールドエキスポでiPodシャッフルを発表するジョブズ。「予想外が楽しい」をキャッチフレーズに、楽曲のランダム再生を前面に打ちだした。この機能は「プレイリストを作るのは面倒」と思っていたユーザーに好評で、大ヒット商品となった　（写真：ゲッティイメージズ）

もうひとつ、ソニーは共食いを心配した。デジタル化した楽曲を簡単に共有できる音楽プレイヤーと音楽サービスを作ると、レコード部門の売上にマイナスの影響が出るのではないかと心配したのだ。これは心配するのがふつうだし、部門ごとに独立採算ならなおさらだ。

だがジョブズは、「自分で自分を食わなければ、誰かに食われるだけだからね」と語っているくらいで、共食い上等だと考えていた。

徹底的なユーザー目線のジョブズ

ソニーとアップルはなにが違うのか、

誤解を恐れず乱暴にまとめれば、企業の論理で動いたソニーとユーザーの論理で動いたアップルと言える。ジョブズは、徹頭徹尾、ユーザー目線で製品を開発するのだ。

使いやすくするためにシンプルを極める。目に美しく触れて気持ちよく、所有の喜びを感じさせてくれるデザインにする。作りやすさやコストよりユーザーがいいなと感じることを優先する。

音楽配信も、昔は、購入者自身でさえ別機器にはコピーできないほどがちがちにコピープロテクトをかけるのが常識だった。企業の論理を優先すればそうなる。だがユーザー目線で考えれば、買った曲は自分のものであり、自宅のコンピューターでも外出用のｉＰｏｄでも聞けるのが当たり前だ。だからジョブズは、ＤＲＭ（デジタル著作権管理）の制約を大幅に緩めたし、最終的にはＤＲＭフリーとしてしまう。

楽曲の売り方も、企業の論理ではアルバム単位がいい。不人気な曲も人気曲との抱き合わせで売れるからだ。だがユーザーとしては、欲しい曲だけ買えるほうがいい。1曲ずつ買える場合も、欲しい曲が高かったら、どうしようかと悩んでしまう。だからジョブズは、1曲99セントの統一価格でバラ売りすることを提案したのだろう。

今後も画期的な製品は出るのか

ｉＰｏｄやｉＴｕｎｅｓストアに続き、ジョブズは、一回り小さくてスポーツシーンに適したｉＰｏｄミニ、ランダム再生を前面に押し出し、液晶もなくした超小型のｉＰｏｄシャッフルなど、音楽の楽しみ方を広げる画期的な製品を次々に投入。いずれも大ヒットし、デジタル音楽市場はアップルの独壇場となった。これもジョブズが企業や組織の論理を排してユーザー目線を貫いた成果だ。

「ユーザー目線を貫く」と言うのはたやすいが実現は難しい。過去の常識はそうそう簡単に捨てられない。会社全体で損益を考えると言われても、社員は自分の部署を中心に考えがちだ。だから、ジョブズほどに押しが強い人でなければ、ｉＰｏｄやｉＴｕｎｅｓストアを作ることはできなかっただろう。

ジョブズの死後、ティム・クックの手堅い経営でアップルは世界最強の企業になった。そのアップルも、世の中を変えるほどの新製品をジョブズなしで生み出せるのか。世界がおもしろくなるポイントはまだたくさんあるはずなのだが。

大ヒットしたｉＰｏｄを葬りｉＰｈｏｎｅで世界を変える

いま、スマホのない生活など考えられない。

出かけるとき、鍵とスマホさえあれば、最低限はなんとかなってしまう。財布は忘れても大丈夫。いや、スマホで解錠できるようにしておけば、鍵もなくていい。

逆にスマホを忘れるとどうにもならない。どう乗り継げばいいのかもわからないし道もわからない。連絡もできない。なにか食べようにもメニューさえ見られなかったりする。

ｉＰｈｏｎｅが世界を変えたからだ。

ｉＰｏｄがこけたら大変だ

ｉＰｈｏｎｅ開発のきっかけは、ｉＰｏｄの大ヒットだった。収益も大きく上がるようになったし、ヒップな会社というイメージに磨きがかかったし、つられてマックもよく売れる

初代iPhoneは2007年6月に米国で発売された。マイクロソフトCEOのスティーブ・バルマーは「世界で一番高い電話。キーボードがないので仕事用に買う人はいない」と酷評したが、販売台数は2010年末までに累計9000万台を突破する。写真は発売日に48時間並んで購入した男性（写真:ゲッティイメージズ）

しでいいことだらけだったのだ。

それだけに、ｉＰｏｄがこけたら大変だ――ジョブズはそう考えた。

ライバルになりうるのは携帯電話だ。そのころ、デジタルカメラ市場がカメラ付き携帯電話にものすごい勢いで侵食されていた。その携帯電話が音楽プレイヤー機能を取りこんだらｉＰｏｄなどひとたまりもない、そうなる前に自分たちで音楽プレイヤー機能を持つ携帯電話を作ってしまおうと考えたわけだ。

商品がヒットしたら、部門強化・収益拡大をめざすのがふつうだ。ジョブズは違った。「共食い上等。他人に食われる前に自分で食う」なのだ。iPodという世界的大ヒットでさえそう考えられるから、彼は天才と呼ばれるのである。

だが、さすがのジョブズも、携帯電話という複雑な機器を一から開発するのは難しいと思ったのだろう。友人がCEOを務めるモトローラと協力し、人気のカメラ付き携帯RAZRにiPodを組みこむことにした。できあがった製品は、魅力的なiPodのミニマリズムもRAZRのスリムさもない悲惨なものだった。

やはり、自社で開発しなければだめだ。

iPadの開発ソースを投入

それではと、iPodに携帯電話機能の追加を試みた。うまくない。選曲に抜群の力を発揮したスクロールホイールも電話帳の入力には使いづらくてしかたないのだ。

解決策は思わぬところに転がっていた。タブレット（のちのiPad）のために開発していたマルチタッチスクリーンである。いわば、iPadのアイデアが先にあり、それを基にiPhoneが生まれたと言えるのだ。

大人気のブラックベリーと同じくキーボードも用意すべきだとの意見にはジョブズが拒否権を発動。「楽な道を選ぶな。ソフトウェアでスクリーン上にキーボードを実現すれば、たくさんのイノベーションが生まれる。社運を賭けて開発するんだ」と。

実際、開発は困難を極めた。ポケットに入れて歩くうちに音楽が再生されたり電話をかけてしまったりしないように「スワイプ起動」を考えだした。電話が耳にあたっていると感知し、意図しない機能を耳たぶで起動してしまわないようにするセンサーも開発した。いま、だれもが当然と思っている機能、一つひとつがクリエイティブなブレインストーミングの結果である。シンプルなインターフェースの裏にはさまざまな工夫や仕掛けがあるのだ。

半年でゴリラガラスを用意

ｉＰｏｄのスクリーンはプラスチックだったが、ｉＰｈｏｎｅはガラスにした。エレガントにするためだ。

ガラスは、コーニング社が開発したゴリラガラス。信じられないほど強いが市場がなく、作っていない。作れと言われても、生産ラインから整えなければならず、費用も時間もかかる。ジョブズが求める6カ月ではとても無理だ。できない理由を並べるコーニングのトップをじっと見つめ、ジョブズはこう説得した。

「心配はいらない。できる。君ならできる。やる気を出してがんばれ。君ならできる」

お得意の現実歪曲フィールド全開である。こうしてiPhoneが完成した。

高すぎて売れない?

初代iPhoneは500ドル。機能や造りを考えれば妥当な値段だが、ほかの携帯電話に比べるとばか高い。高すぎてアップル信者しか買わないと業界では見られていた。

それが発売から4年もたたずに累計9000万台も売れ、世界的な携帯電話市場の利益の半分以上をたたき出すほどになってしまった。

その理由は、いま、スマホを持ち歩いている人ならだれでもわかるだろう。とにかくシンプルで使いやすい。これ以外のインターフェースなどありえないと思うほどなのだ。ジョブズが作るとこうなるわけだ。

ちなみに、iPodは2022年に販売を終了。iPhoneが食ってしまったのだ。

ｉＰｈｏｎｅのお披露目は史上最高のプレゼン

スティーブ・ジョブズといえばプレゼン。そう言われるほど、ジョブズはプレゼンの名手だった。新製品発表のキーノートスピーチなど、どういう新製品が出るのかと同じくらいにどう紹介してくれるのか、どうわくわくさせてくれるのかに注目が集まるほどに。

わからないかい。実はひとつ

なかでも有名なのが２００７年１月のｉＰｈｏｎｅ発表だろう。

今日は革命的な新製品を三つ紹介すると始めて、「まずタッチコントロール機能を持つワイドスクリーンのｉＰｏｄ。２番目は革命的な携帯電話。３番目はインターネットコミュニケーション用の画期的なデバイス」と紹介。続けて「ｉＰｏｄ、携帯電話、インターネットコミュニケーター……」と何度もくり返したあと、「わからないかい？」と謎をかける。「三つに分かれているわけじゃない。実はひとつ。iPhoneっていうんだ」と爆弾を落とした。期待を盛り上げて盛り上げて、そのさらに上を行ったのだ。

そんなにすごいのかと思われた方には、ぜひ、動画を見ていただきたい。「ジョブズ iPhone発表 2007年」あたりで検索すればみつかるはずだ。しゃべるスピード、スライド、会場の反応を待つ間……すべてがかみ合って、めちゃくちゃすごいプレゼンになっていることが実感できるだろう。

若いころからうまかった

ちなみに私のお気に入りは2008年1月のMacBook Air発表である。「とても薄いので、事務所に転がってる茶封筒に入ってしまう」――そう言ってステージの袖へ行き、封筒をひとつ取り上げると、なかからノートパソコンを取り出す。マジックショーのような演出だ。見た瞬間、これは欲しいと思った。思ってしまった。実際、最終的に1台買ってしまった。いや、まあ、買ってしまったというなら、iPhoneもiPadもなのだが……ともかく、それほどインパクトのあるプレゼンだった。

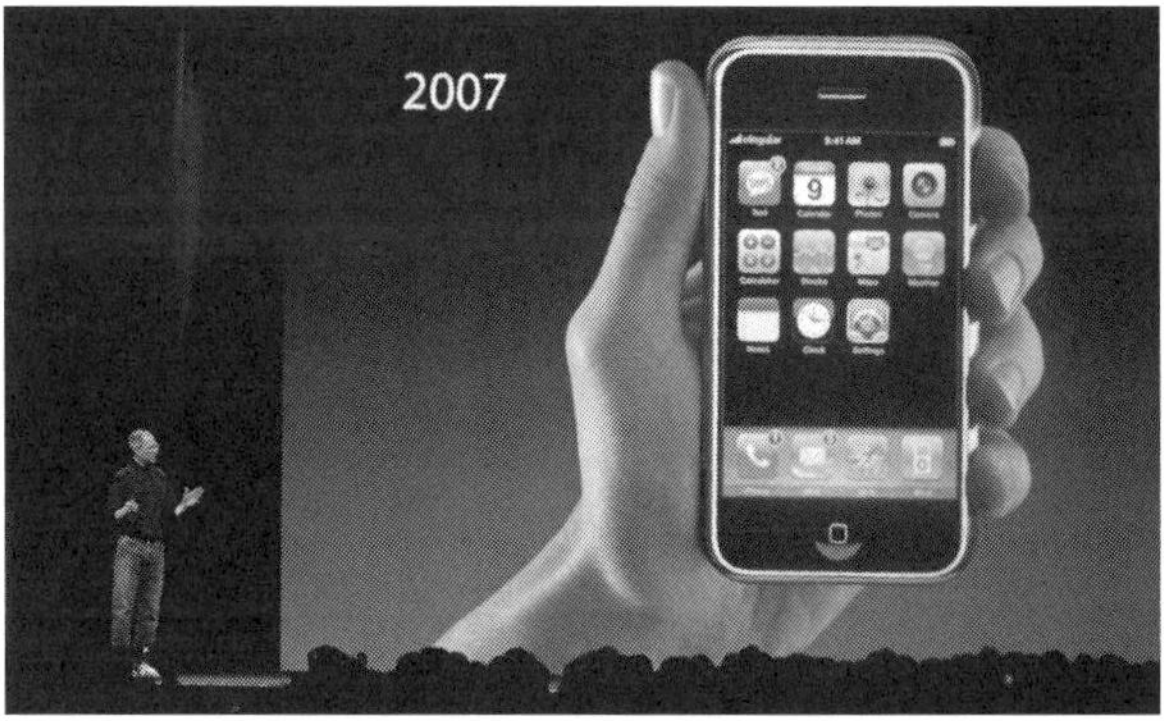

2007年1月、米・サンフランシスコで開催されたマックワールドでiPhoneを紹介するジョブズ。彼のプレゼンは多くの人を魅了したが、なかでもiPhoneの発表は高く評価されている。プレゼンの重要性が広く認識される契機にもなった
（写真:ゲッティイメージズ）

1984年のMacintosh発表も伝説だ。当時、ジョブズは28歳。ヴァンゲリス『炎のランナー』のテーマ音楽で緊張感を醸し、Macintoshにジョークを言わせる。当時としては型破りのプレゼンで会場を沸かせた。

こちらも動画が残っている。まだ若くて場数を踏んでいないからだろう、緊張しているようだし、つたないところもあるのだが、晩年の円熟したプレゼンにつながるものが感じられる。

ジョブズのプレゼン手法を身につける

ジョブズの登場でプレゼンは大きく変

わったという。あれを見て、その効果を実感すれば、自分も同じようにしたいと思うのが当然だろう。

だが形だけまねてもイタいプレゼンになってしまう。特に控えめを美徳とする傾向の強い日本でへたにやると悲惨なことになりそうだ。

じゃあ、あきらめるしかないのか。大丈夫だ。悲観することはない。

形ではなく、その考え方、構成の仕方など、エッセンスを分析し、まねればいい。いや、分析はプロがしてくれているので、それを学んで身につければいい。

そんなうまい話が現実となるのが『スティーブ・ジョブズ 驚異のプレゼン』(日経BP)だ。コミュニケーションコーチのカーマイン・ガロがジョブズのプレゼンを細かく分析し、練習によって身につけられる要素に分解してくれている。効果は保証付き。ガロがさまざまな人に教え、効果が確認されているからだ。

この本を訳したあと、一部テクニックを活用してみた。私がやるプレゼンは翻訳業界向けセミナーなのでどうしても文字が増えがち、説明ばかりになりがちだ。正直なところ半信半疑だったのだが、意外なほど使える。聞いた人の評判も上々だ。

誰かを説得したいと思うときすべてがプレゼンとなる

　最後にもうひとつ。プレゼンというとスライドを使ってしゃべることを想像するが、それは狭い意味のプレゼンだ。広くとらえれば、誰かを説得したいと思って話をするとき、すべてがプレゼンとなる。製品の売り込み、就職や転職における自分の売り込みなど、仕事に関連するものはもちろんだが、それに限る話ではない。説得というのは、私生活を含めてさまざまな場面で登場する。

　そういう意味では、ジョブズがジョン・スカリーをペプシコから引き抜いた一言、「一生、砂糖水を売り続ける気かい？　それとも世界を変えるチャンスに賭けてみるかい？」もすばらしいプレゼンだったと言えるだろう。

　このくらい気の利いた一言が放てれば、私も家庭内のあれとかこれとか、いろいろ有利に展開できそうに思うのだが、こちらはうまくできずに四苦八苦している。妻とのコミュニケーションだって、広い意味ではプレゼンのひとつだ。しかし、こちらはジョブズ並の才能がないと、決定打となる一言をその場で思いつくのは難しいのかもしれない。

iPhone4のトラブル対応に息子のリードを帯同、生きた教材に

スティーブ・ジョブズが亡くなったのは、2011年10月、はや13年も前のことだ。ニュースでも報じられたし追悼番組もたくさん作られたので、見た方も多いのではないだろうか。

私はニュースこそ見たものの、追悼番組をリアルタイムに見ることはできなかった。そのころは、初の公式評伝『スティーブ・ジョブズ』の翻訳に追われていたからだ。

物書きがきらいなジョブズ

スティーブ・ジョブズの伝記はいくつも書かれているが、この本以外は、すべて、非公認となっている。物書きなんて、新しくなにかを生み出すわけでもなく、他人のことを好き勝手書くだけ。そう考えるジョブズは、伝記への協力は断るし、友人や部下が伝記の取材に応

ジョブズの評伝を執筆したウォルター・アイザックソン。ジョブズの長所と短所、両面を余すところなく描いた　（写真：ゲッティイメージズ）

じることさえ激しく反対するのが常だったからだ。書くのは止められないが、オレは認めないよ、ということだろう。

その結果、せっかく取材しても表に出せず、捨てざるをえなかったネタが山のように出てしまったと『スティーブ・ジョブズ　偶像復活』の著者、ジェフリー・S・ヤングも、原注冒頭で嘆いている。

断られてもくり返し執筆を依頼

そんなジョブズが自分から頼んで書いてもらったのが、このとき私が翻訳していた『スティーブ・ジョブズ』である。

政治家や実業家の評伝は礼賛本が多い。本人が認めた公式本なら、当然そうだろう。ちまたには、そう予想する向きも少なくなかった。

だが、この本は、ジョブズのいい面も悪い面も余すところなく描いている。そのあたりは、アマゾンの書評で「偉大な人物」と「嫌なヤツ」とジョブズの評価が真っ二つに割れていることを見れば明らかだ。それもそのはず、著者は、大物伝記作家ウォルター・アイザックソンなのだ。好きに書いてくれという条件であっても、頼んだら書いてくれるような人ではない。実際、ジョブズも断られている。何度も、だ。

なぜすべてを赤裸々に？

なぜ、アイザックソンなのか。ジョブズは「話を聞きだすのが上手だろうと思ったからだ」としている。

ジョブズは有能だが、エキセントリックな面があって敵も多い。きつく当たられて恨んでいる人もいる。そういう人からも話を聞きだし、書いてしまうとわかっていて彼に頼んだわけだ。しかも、本の内容に口ははさまない、出版前に見せてもらう必要もないと宣言して。

プライドが高い。プライバシーをかたく守る。敵が多い。そんな人物が、自分を丸裸にしてくれと頼んだわけだ。すごいことだと思う。

なぜ、そんなことをしたのか。

年とともに経験を積み、人間的に成長したのかもしれない（性格が丸くなることはなかったようだが）。がんで死と向きあい、思うことがあったのかもしれない。

推測する以上のことはできないが、理由はいろいろあったはずだ。

おやじの姿をまるごと息子に

大きな理由のひとつとして、息子のリードにうそ偽りのない姿を見せたかったのではないかと、私は思っている。

２０１０年、アップルは、アンテナゲートで大揺れに揺れた。新型のｉＰｈｏｎｅ４に、持ち方によってうまく通話できないことがある不具合がみつかったのだ。徹底的に調べて解決しようとジョブズは幹部を招集。その対策会議にリードを同席させた。「僕が仕事をしているところをリードに見せるためなら、あの騒動を最初からやり直してもいい。おやじがどういう仕事をしているのか、息子にはそれを見せてやらなきゃいけない」と言って。

がんと診断されたときも、ジョブズは、息子の高校卒業までなんとしても生きると決め、それをぎりぎり実現した。だが、大人になった息子に自分の背中を実際に見せるのは無理だ。せめて、伝記という形で見せたい。そう思ったのではないだろうか。

実はこの本をじっくり味わったことがない

この本の「はじめに」にも書かれているように、完璧を求める情熱と猛烈な実行力ゆえに、ジョブズは、周囲と激しく対立しがちだった。手本にすべきタイプとは言いがたい。いや、まねしたら、まずまちがいなく大失敗になるであろうタイプだ。だがそんな彼だからこそ、希代の経営者として、六つも七つもの革命を業界に起こすことができたのだろう。

そんな彼の仕事人生と私生活、両面を通してジョブズという人物をまるごと描いたのが、公式評伝『スティーブ・ジョブズ』である。実は、私は、この本をじっくり味わったことがない。緊急出版のため、1年近くかかるはずの量を3カ月半で訳さなければならなかったからだ。彼が亡くなって13年の月日が経過した今、久々に読み直してみようかと思っている。いまなら、落ちついた気持ちで読めそうだ。

発表直後は酷評された iPad 使えばわかるそのすごさ

　iPhoneの原型となったiPadは、iPhoneに遅れること3年の2010年に発表された。

「これはいらないな」——私はそう思った。昼間はずっとパソコンの前に座っているし、リビングのテーブルにもノートパソコンを置いていたからだ。なのにふと気づくと、リビングではiPadを一番よく使うようになっているし、仕事でも使いたいとiPadプロまで買っていたりする。

業界の常識だった「タブレットは売れない」

　タブレット型コンピューターは以前からあったが、すべて不発に終わっていた。だから、タブレットはあきらめ、機能を抑えた安いパソコン、ネットブックを開発するメーカーばかりになっていた。業界的にタブレットは鬼門だったのだ。

ジョブズも、作らないと外向きには語っており、２００３年のウォールストリートジャーナル紙には次のような言葉が紹介されている。

「タブレットを作る計画はありません。キーボードを欲しがる人が多いようですからね。タブレットは、ＰＣなどの機器をいろいろと持っている金持ちくらいしか興味を示しません」

だが実は興味津々で、毎年の幹部研修会でも必ず議題に挙げていた。

その幹部研修会でネットブックを検討した際、デザイン担当のジョナサン・アイブが疑問の声をあげた。キーボードとスクリーンを開く形はコストもかかれば大きくもなってしまう。それより、マルチタッチインターフェースでスクリーン上にソフトウェアキーボードを実現するほうがいいのではないか、と。

この発言が契機となってマルチタッチスクリーンの開発が始まり、ｉＰｈｏｎｅで実用化されたわけだ。

しかし、ｉＰａｄは一見したくらいでは必要性がわからない。ｉＰａｄにできることはノートパソコンでできそうだし、なんだかんだ物理キーボードのほうが使いやすいはずだ。

ブーイングの嵐だったｉＰａｄ

だからアップルの新製品はいつも絶賛されるのに、ｉＰａｄだけは「大がっかりだ」とまで言われたり「ｉＰａｄがダメな８つの理由」なる記事が書かれたりとさんざんだった。「生理用品かよ」など、名前さえもやり玉に挙げられた（生理用ナプキンは英語でｐａｄだから）。ツイッターで「＃ｉＴａｍｐｏｎ」がトレンド入りしたほどだ。

　ｉＰａｄを発表した翌日の夜、さすがのジョブズも相当へこんでいたらしい。

「この24時間で８００通もメールが届いたが、ほとんどが苦情

2010年1月、iPadを発表するジョブズ。発表直後は酷評されたが、発売後は評価が一変。約1カ月で販売台数が100万台を突破した。iPhoneの倍速で記録を達成したのだ

（写真：ゲッティイメージズ）

だ。ＵＳＢがない、これがない、あれがない。『こんちくしょうが、なんであんなふうにしたんだ』みたいなものもあった。今日はなんというか落ちこんだよ。ちょっとショックだね」とこぼしている。

使えばわかるすばらしさ

しかし、ｉＰａｄが発売され、実際に使われ始めると、あら探しはうそのように消えていった。酷評した記者も、次々、手のひらを返したように賛辞の言葉を贈り始める。

特に「フォーブス・ドット・コム」の記事は、ジョブズ本人もいたく感動したという。記者のマイケル・ノアーがコロンビアの首都、ボゴタから少し北へ行った僻地《へきち》の酪農場に滞在したときの話だ。

ｉＰａｄでＳＦ小説を読んでいたノアーのところに、家畜小屋の掃除を終えた子どもが近寄ってきた。その子にｉＰａｄを渡すと、使い方を教えられてもいなければ、コンピューターを見たこともないのに、〝なんとなく使えてしまった〟そうだ。スクリーンに指を走らせ、アプリを起動してピンボールゲームで遊んだりしたのだ。

「文字も読めない６歳の子どもが使い方を教えられなくても使えるコンピューターをジョブズは作りあげた。これを魔法と言わずしてなにを魔法と言うべきだろうか」とノアーは記している。

ｉＰｈｏｎｅに筋肉増強剤を打って大きくしただけ、いや、電話ができない、それなりにかさばるなど機能はむしろ落ちている。そう思っていた人も、実際に使い始めると評価が逆転する。

なんといってもゲームの迫力が違う。ＳＮＳなどのアプリも読みやすく、使いやすくなる。電子書籍も読みやすい。ｉＰｈｏｎｅでは画面が小さすぎるしパソコンは身構えないと読めないが、ｉＰａｄならどこでも気軽に読めてしまう。マンガはｉＰａｄ一択だろう。カラーの雑誌などｉＰａｄ以外で読む気にはなれない。音楽や動画の編集もやりやすい。仕事さえもやろうと思えばそれなりにできてしまう。

販売台数は１カ月もかからず１００万台を突破した。ｉＰｈｏｎｅの倍という驚異のスピードだ。さらに、発売から９カ月で１５００万台に到達してしまう。消費者製品として史上最高レベルの成功を収めたと言えるだろう。

時代の先を行ったｉＰｈｏｎｅ 追いつくのを待ったｉＰａｄ

スティーブ・ジョブズは革新的な製品を次々と出して成功した。徹底的にユーザー目線を貫いて開発し、シンプルで使いやすく、美しい製品に仕上げて。

こう表現してなにもまちがいはない。ないのだが、それだけですむ話ではないと私は思っている。

実は革新的すぎる製品は世の中に受け入れられない。時代の先を行かなければならないが、時代の先を行きすぎるとユーザーがついてこられない。そういう意味で危なかったのがｉＰａｄである。

時代の先は一歩だけ

ｉＰｈｏｎｅで大きな売りになったマルチタッチスクリーンは、もともとｉＰａｄ用に開

中国・南京のアップルストアでiPadを操作する子どもたち。iPadはコンピューターに触ったことのない子どもでも直感的に操作できた。むしろ戸惑ったのは大人のほう。発表直後はマスコミの評価も最悪だった。iPhoneより先にiPadを出していたら真価を理解してもらえなかったかもしれない
（写真：ゲッティイメージズ）

発されていたものだ。であれば、マルチタッチスクリーンを採用しようと決めたとき、開発する製品をｉＰｈｏｎｅからｉＰａｄに切り替えていてもおかしくなかったはずだ。

いや、一般的な考え方では、ｉＰａｄを選ぶのが当たり前だ。アップルが中核にすえてきたコンピューターの延長線上にあり、従来の販路で対応できる。対してｉＰｈｏｎｅは携帯電話会社と提携しなければならず、自分の好きなようには必ずしもできないところが出てきてしまう。技術的ハードルも、電話機能のないｉＰａｄのほうがどう考えても低い。

それをあえてｉＰｈｏｎｅからにしたのは、ｉＰａｄが時代の先を行きすぎていたからではないだろうか。

ｉＰａｄは本格的なコンピューターだが机に向かわず使うもので、利用シーンが大きく違う。この変化と、指でス

クリーンを直接操作するという使い方の変化、このふたつを同時に導入したらユーザーがついてこられず、失速したのではないか。iPhoneのあとに出してさえ、発表直後は酷評されたのだ。iPadが先だったら、なにがどうすごいのか、本当のところを理解してもらえたとはとても思えない。

少しずつ大きな革新を導入する

だから、まず、みんながすでに持ち歩いていた携帯電話と携帯音楽プレイヤーにマルチタッチを追加した。マルチタッチとした結果、ウェブの閲覧なども実用レベルでできるようになったわけで、そういう意味では、iPad以上に大きな変化とも言える。だがiPhoneなら「いつも持ち歩いてる携帯電話と携帯音楽プレイヤーがひとつになり、さらにウェブも見られたら、そら便利だよね」と一歩前に進んだものとして受け入れてもらえる余地がある。

このiPhoneでユーザーがマルチタッチに慣れ、モバイルでインターネットを使う便利さを知るまで待ってから、本格的な「コンピューター」をモバイルで使うiPadを投入した。そういうことなのではないのだろうか。

MacintoshのGUIも

そういう意味では、MacintoshのGUIも、世の中がついていくのに苦労したとても大きな変化だったと言える。

その証拠が、一時期大はやりしたパソコン教室だ。「はい、じゃあ、マウスを上に……」と指示したら、参加者がマウスを空中に持ち上げたなんて笑い話さえあった。マウスも当時はどう使えばいいのかわからない人が多いほど、なじみのない新技術だったのだ。

ここが大きな変化であり、へたをすればユーザーを置き去りにしてしまうと、アップルも重々承知していた。だからこそ、フォルダーなど、事務用品を扱うイメージにしたのだ。

そんなマウスとキーボードも、導入から20年もたつと、こんどは、あまりに当たり前なものになった。そう、もっと自然なはずの「指」による操作が非常識に感じられてしまうほどに。

指による操作はマウスよりさらに直感的で自然だ。だからコンピューターなど初めての子どもが使い方を教えられなくても使えてしまう。私も、ノートパソコンを使っているとき、つい、画面に手を伸ばしたりする。

ジョブズは、昔から、だれにでも使えるコンピューターを作ろうとしてきた。そしてそのために、マウスなどという、不自然だけれどもキーボードに比べればまだましなものを導入した。そこからさらに技術が進歩したら、こんどはマウスを排して指で使えるようにした。ぐるり一周して、だれでも直感的に使えるコンピューターがついに完成した。そう言ってもいいだろう。

長期的視点も備えていた

ジョブズは目の前の課題に全力で取り組み、完成度の高い製品に仕上げてきた。同時にその裏では、マルチタッチなど長期的な視点の技術開発もしていた。そして、どの技術がそろそろ実用化できるのかを見極め、また、どの技術なら世の中に受け入れられるのか、時代を読み、どういう製品にするのかを決めていた。そういうことだったのではないかと私は考えている。

郊外ではなく一等地で勝負 パソコン直営店の常識を覆す

実は、私がアップル製品を使い始めたのは2011年とかなり遅い。1998年に翻訳の仕事を始めたとき、世の中の大勢に合わせてウィンドウズで環境を構築してしまったからだ。また iPhone は欲しくても、よく訪れていて一番使いたい場所にキャリアの電波が届いておらず、あきらめざるをえなかった。初めてのアップル製品は iPad Air、買ったのは銀座のアップルストアだ。

アップルストアは独特だ。一等地に広い店舗。ガラス張りの明るい店内には製品がぱらりとしか置かれていない。であるのに、たとえばマンハッタン5番街のアップルストアは、単位面積あたりの売上で世界最高を記録している。

大成功なのだが、社内は立ち上げに猛反対したし、メディアの前評判もさんざんで「スティーブのアップルストアがダメな理由」と題する記事が出たり、出店後2年で後悔することになるよと書かれたりした。

ゲートウェイの郊外店は失敗

この少し前、直販で飛ぶ鳥を落とす勢いだった大手パソコンメーカー、ゲートウェイでさえ郊外店を展開したあと業績が急激に悪化していた。そのため、直販店舗は採算が取れない、パソコンはさまざまなメーカーの製品が並ぶ巨大チェーンや大型店を通じて売るしかないというのが業界の常識になっていた。

だが、こうした大型店の販売員は歩合給与が基本だ。だから、高いけどそれだけのことはあるんですよ、たとえば……とアップル製品を売り込むより、安価で売りやすい製品を売るほうに走ってしまう。

ジョブズはこれががまんならなかった。こんなやり方では、顧客体験の入口になる「アップル製品を買う」という行為がすばらしいものになるはずがない。なにがなんでもここをアップル自身でコントロールしたい。そう思ったのだ。

企画のスタートは1999年、アップル直営店を立ち上げられそうな経営者を極秘裏に探

2006年、アップルストアがマンハッタンの5番街にオープンした。1日24時間年中無休のこの店舗は、単位面積あたりの売上で世界最高を記録。人通りの多い一等地に直営店を設けるジョブズの戦略が正しかったことを、みごとに証明した
（写真：ゲッティイメージズ）

すことから始まった。みつけたのは、デザインに対する情熱を持つ生まれながらの小売商、ロン・ジョンソンである。

大手ディスカウントストア、ターゲットの雑貨部門でバイスプレジデントをしていた彼を引き抜き、どういう店にするかを相談し詰めていく。

あえて一等地で勝負

まずは立地だ。当時の米国で、コンピューターは郊外店で売るものだった。コンピューターのように値段が高く、めったに買わないものは車で買いにいけばいいと消費者は考えるし、郊外のほうが地代も安くてすむからだ。

ジョブズは多くの人が歩いているモールやメインの

通りに置くとした。地代は高くても気にしない。気軽に立ち寄ってもらい、商品を紹介するチャンスさえ得られればこっちのものだと考えたのだ。

これには取締役がこぞって反対した。当たり前だろう。郊外店でも直営では採算が取れないのに、地代の高いところに出店するから大丈夫だと言われて納得などできるはずがない。

活用シーン別にレイアウト

店舗は、ブランドの強烈な物理的表現だというジョンソンの意見を取り入れて特徴的なものとした。階段はガラス（ジョブズの名前で特許も申請した）、床はイタリア・フィレンツェ郊外の採石場で切りだした砂岩の厳選品だ。原石からタイルに加工するときラベルを貼り、原石どおりの順番で床に並べるこだわりは、さすがジョブズというべきか。

開店準備は本物そっくりのプロトタイプ店舗を作り、毎週火曜日の午前中そこにこもって戦略を磨きあげるという方法を取った。

半年かけてそろそろ完成というころ、夜中に目を覚ましたジョンソンは大変なことに気づいて眠れなくなってしまう。店舗はパワーマック、ｉＭａｃ、ｉＢｏｏｋ、パワーブックと製品ラインごとに展示する予定だ。しかし、当時のジョブズは、コンピューターをさまざまなデジタル機器活用のハブとして位置づけようしていた。それなら、「ユーザーのやりたいこと」を中心に店舗をレイアウトしたほうがいいと思い直したのだ。

そう進言すると、「６カ月も必死こいてやってきたのに、それを全部ぶんなげようというのか！」とジョブズはかんかんに怒った。だがその７分後、プロトタイプの店舗についたときには正しい判断を下していた。店内レイアウトは一から考え直す。オープンが予定から遅れるかもしれないが（実際、大きく遅れた）、それでもやり直す。

前評判を覆す奇跡の大成功

アップルストアの前評判は、前述のとおりさんざんだった。

だが、実際にオープンしてみると、疑問の声を吹き飛ばす快進撃が続く。

ゲートウェイは１週間の平均来店者数が２５０人だったのに対し、アップルストアは、オープン３年めの２００４年には５４００人に達している。同年の売上は12億ドル。小売り業界で節目とされる売上10億ドルを最短で達成した。

売ろうとしない。だから アップルストアはバカ売れする

アップルストア大成功の鍵は、立地や内装、レイアウトだけではない。いや、一番は別にあると言うべきかもしれない。接客の人材だ。

アップルストア立ち上げ時にいたのはスペシャリストやクリエイティブ、ジーニアスであって、レジ係はいなかった。コンサルタントやコンシェルジュ、エキスパート、パーソナルショッパーもいたが、販売員はいなかった。

歩合制の販売員なしで、売り場面積あたりの売上で有名ブランドのトップクラスになっているのだ。ある年の年間売上データで比べると、アップルストアは1平方フィートあたり4032ドル。対してティファニーは2600ドル、量販店のベストバイは930ドルだったという。

破格の売上を上げているわけだが、実のところ、アップルストアは、製品を売ろうとして

2011年9月にイタリアのボローニャに完成したアップルストアで、開店初日に大勢詰めかけたアップルファンの話を親身に聞くジーニアスバーのスタッフ（Tシャツを着用）。来店者にどこまでも寄り添うその姿勢が、来店者に安心感を与えるのだ　（写真：ゲッティイメージズ）

いない。

高級ホテルの接客をお手本に

　お店の目的は、あくまで、人々の暮らしを豊かにすることだ。来店者の話をよく聞き、ではこうすれば暮らしがよくなるのではないですかと提案する。あるいは不便を感じているならそれを解消するお手伝いをする。製品は結果として売れているだけで、売ろうとはしていないのだ。

　参考にしたのは高級ホテルだ。開店の準備を進めていたとき、これはよかったと思うサービスはどれかと出店責任者のロン・ジョンソンが部下に尋ねると、多くがフォーシーズンズやリッツ・カールトンなどの高級ホテルを挙げた。だからジョンソンは、最初の店長5人をリッツ・カールトンの研修に参加させた。アップルストアには、お出迎えのコンシェルジュがいたり、お酒ならぬ製品サポートを提供するジーニアスバーがあったりするのはそのためだ。

ジーニアスバーは私も使ったことがあるが、ジーニアス（天才）の名はダテではなく、あの安心感は格別なものがある。

アップルストアの場合、ジーニアスではないふつうの店員も、製品のことをびっくりするくらいよく知っていて、なんでもアドバイスしてくれる。設定をミスってどうにも使いづらくなっているくらいなら、ささっと直してくれたりもする。

さぞかし詳しい人を採用しているのだろうと思うが、これもまた、実は違う。

技術よりもおもてなし

アップルストアが求めるのはコンピューターより人について詳しい人材、技術的な知識より人間的魅力だ。おもてなしの心を持つ人を求めていると言ってもいいだろう。そう、ここもまた、高級ホテルなどと同じなのである。暮らしや仕事、遊びのやり方が変わるツールを人々にみつけてほしい、その手伝いがしたいと思う人を採用する。ほかの人々が夢をかなえる手伝いがしたいという情熱を持つ人を採用する。

採用されると、アップルストアを支えるビジョンが記された理念カードが渡される。大きさはクレジットカードくらいと、持ち運びに便利なものだ。表に書かれた言葉の最初は「暮らしを豊かにする」である。

実際の接客では知識も必要だ。そのあたりは、研修をくり返す。しかも、なぜそうするのか、理念との関係で理解してもらえる研修である。

たとえば入店したときのあいさつ。ほかのお店でやはりあいさつをしていた店員になぜそうしているのかと『アップル　驚異のエクスペリエンス』（日経ＢＰ）の著者、カーマイン・ガロが尋ねたという。２店で尋ね、２店とも「そうしろと言われたから」だった。対してアップルストアでは「総合的な顧客体験を高めるため、顧客に必ずあいさつをするようにしています。アップルは体験をとても重視していますから。来店してよかったと思っていただきたいし、楽しいと感じていただきたいのです」と返ってきたそうだ。

ここまで認識が違えば、接客の質が大きく違うのも当たり前だろう。

背景にジョブズの哲学

なぜ、そこまで顧客体験にコミットできるのか。ガロは「オーナーシップがポイントだ」としている。担当の仕事——来店者の暮らしを豊かにすること——を自分の課題だと主体的にとらえ、情熱と責任感をもって取り組むといった意味合いだ。セルフマネージメントの権限が与えられていると言ってもいい。「やれと言われたこと以外をしてはならない」が基本の米国では、すごく珍しいやり方だ。

ジョブズは、亡くなる少し前、「スティーブ・ジョブズならどうするかと考えるな。これは正しいことかと自分で考えろ」と社員に語っている。その考え方がアップルストアにも深く浸透しているのだ。

来店者にどこまでも寄り添うから、売ろうとしなくてもバカ売れする。一見、逆説的だが、これもまた、ジョブズが追求し続けた「徹底的なユーザー目線」から生まれた成果なのだろう。

奇跡の大逆転を演じたアップル
時価総額20倍のマイクロソフトを追い抜く

２０００年前後、マイクロソフトはパーソナルコンピューターの世界に君臨する王だった。対してアップルは、スティーブ・ジョブズが復帰した１９９７年ごろにはいつ倒産してもおかしくないほど低迷していた。だから、ジョブズは、宿敵マイクロソフトに提携と投資を持ちかけた。マイクロソフトの支援なしにアップルが生きのびることはできなかったからだ。それが２０１０年５月には時価総額でアップルがマイクロソフトを上回った。10年あまりの間に、なにが起きたのだろうか。

ｉＰｏｄの対抗製品が大失敗

アップル復帰後のジョブズはヒットを連発していて、そのすべてが逆転に寄与したのはまちがいない。ただ、最初のきっかけはｉＰｏｄだろう。ビル・ゲイツをして「これはすごい……Macintosh専用なのかい?」と言わしめた製品だ。

続けて、iTunesストアで音楽業界を根本から変える。大手音楽会社を1社ずつ口説き落とし、20万曲もの楽曲をダウンロード購入できるようにしたのだ。

このときは、マイクロソフト役員が「やられた」「我々が本当にやられるのは、アップルがコレをウィンドウズに持ってきたときだろう(持ってこない失敗はしないだろう)」と大騒ぎする事態になった。

自分たちも似たものを提供しなければならない、もっと上手にできると証明しなければならないとマイクロソフトもがんばるのだが、その結果生まれたのは、2006年のZuneだ。iPodに似ているが不細工で使いづらく、結局、5%も市場シェアを獲得できずに消えてしまう。

iPhone、iPadを過小評価

こんな前例があってなお、マイクロソフトはiPhoneの価値を正しく評価できなかった。当時のCEO、スティーブ・バルマーは「高いしキーボードがないしで、売れるはずが

2007年5月、カリフォルニア州カールスバッドで開催された「All Things Digital 5」のジョイントセッションで談笑するスティーブ・ジョブズ（左）とビル・ゲイツ（写真:Joi Ito、Licensed under Creative Commons Attribution 2.0 Generic（https://creativecommons.org/licenses/by/2.0/））

ない」と語っている。わずか3年で、世界の携帯電話市場で利益の半分を占めるほどの大人気となる製品なのに、だ。

２０１０年のｉＰａｄでも、ビル・ゲイツが「音声、ペン、キーボードという組み合わせ――つまりネットブック――が主流になるといまでも思っています。ｉＰａｄはなにかを読むにはすてきですが『これをマイクロソフトで作れていれば』と言いたくなる点はありません」と語っている。

それから10年あまりたったいま、キーボードはソフトウェアが中心だし、スタイラスペンは文字やイラストに使うものでふつうの操作は指でするのが当たり前になっている。

ごく真っ当だったMSの判断

2000年当時、アップルの時価総額はマイクロソフトのわずかに20分の1だった。それが、iPad発売翌年の2011年9月にはマイクロソフトの1・7倍にまで膨れ上がった。iPod、iPhone、iPadの三連続ホームランが奇跡の大逆転を生んだのだ。

なぜ、マイクロソフトはアップルの逆転を許したのか。ビル・ゲイツやスティーブ・バルマーの判断ミスだとするのは少し酷かもしれない。

iPhoneが登場したころ、人気を博していたのはBlackBerryなどキーボード付きの製品だ。それもあって世間的な評価は「iPhoneはアップル信者しか買わない」だった。指を使ったマルチタッチ操作の真価が世の中で認められるまで、なんだかんだ2〜3年もかかっているのだ。さらに、iPadが発売されたころ大流行していたのはネットブックだったし、iPadそのものは世間的に酷評の嵐だった。

iPhoneやiPadの過小評価はマイクロソフトが見誤ったのではなく、その時代のメインストリームと同じ見方をしただけとも言える。そしてそれは、主流指向、シェア指向のマイクロソフトにとって当然のことだったのではないだろうか。

ジョブズの評価は不動のものに

マイクロソフトがアップルの逆転を許したのは、やはり、ジョブズがすごかったからだろう。ジョブズには製品を使うユーザーの姿が見えていたと思う。いつも、「なにができるのか」ではなく、「こういうことができたらいいな」を起点に考えていた。それはＭａｃｉｎｔｏｓｈを開発した時代から変わらない一貫した姿勢だ。だから、時代のメインストリームと違う発想ができた。彼が天才と言われるゆえんだろう。

宿敵マイクロソフトを追い抜き、アップルを世界最大のテクノロジー企業に押し上げたジョブズはその名声を不動のものにした。評伝『スティーブ・ジョブズ』の著者ウォルター・アイザックソンは「スティーブ・ジョブズは、まずまちがいなく１００年後まで記憶に残る経営者となった。エジソンやフォードに並ぶ人物として歴史にその名が残るはずだ」と述べている。この評価に異を唱える人はいないだろう。

オープンVS クローズド
戦略が真逆のジョブズとゲイツ

スティーブ・ジョブズとビル・ゲイツはパソコン界の2大巨頭と言える。同い年で大学は中退など共通点も多いのだが、その経営哲学は、真逆と言えるほどに違う。

特に大きく違う点としてよく指摘されるのが、オペレーティングシステム（OS）のライセンス供与に対する姿勢である。

統合アプローチこそ「正義」

ユーザー体験を完全にコントロールしたいジョブズは、端麗な作品を他人にゆだねるなど身の毛もよだつと他社へのOSライセンスをかたくなに拒んだ。対してゲイツは、どこに対してもOSのライセンスを与え、その結果、ウィンドウズが業界の標準になった。

この違いはどこからきているのだろうか。

1995年、ウィンドウズ95の発売で活況を呈するニューヨークのパソコンショップ。当時はゲイツのオープン戦略がもてはやされたが、その後、ジョブズはクローズド戦略も有効であることを実証した　（写真：ゲッティイメージズ）

ジョブズは統合こそが正義だと考えた。

「ほかの連中のように、ガラクタを作るのではなく、すごい製品を作りたいからだ。ユーザーのことを考え、体験全体に責任を持ちたいからそうするんだ」

そして、ユーザーの体験をすっきりシンプルにするには、ハードウェアとソフトウェア、さらにはコンテンツや販売員にいたるまで、すべてを統合できる本物の創造性が必要だと考えたのだ。

対してゲイツは、互換性が正義だと考えた。どの会社が作るハードウェアも標準的なOS（マイクロソフトのウィンドウズ）が走り、同じアプリケーション（ワードやエクセルなど）が使える世界が理想というわけだ。だから積極的にOSのライセンスを提供した。

最終的な使い勝手は統合アプローチの勝ちだが、他人のマシンや会社のマシンでもだいたい同じように使えるという意味では互換性重視にもメリットがある。

ゲイツ自身、ジョブズがネクスト時代に新しいコンピューターを発表したとき、こう皮肉っている。

「彼（ジョブズ）の製品には、非互換性というおもしろい機能が搭載されているのです。既存のソフトウェアはどれも使えません。でもとってもすてきなコンピューターなんです。互換性のないコンピューターを私が設計するとして、あれほどのものが作れるとはちょっと思えません」

両雄がそれぞれの有用性を実証

ゲイツは、１９９５年発売のウィンドウズ95で大成功を収めた。その結果、互換性重視のオープン戦略がもてはやされるようになり、アップルのクローズド戦略は負け組の代名詞のように扱われた。その評価をひっくり返したのが、ｉＰｏｄ、ｉＰｈｏｎｅ、ｉＰａｄの大ヒットである。これらの製品を一緒に使うと、垂直統合のメリットを実感できる。

ホテルに泊まるとき、アップル製品同士ならパスワードを共有できるのに、ウィンドウズのパソコンは個別にＷｉ‐Ｆｉを設定しなければならない。ＡｉｒＰｏｄｓなら複数のｉＰｈｏｎｅやｉＰａｄがひとつであるかのように使えるのに、サードパーティーのイヤホンだと、いちいち接続を切り替えなければならない。一つひとつはちょっとしたことなのだが、小さなことの積み重ねが体験を大きく左右するのだ。

相手を認めつつ信念は曲げず

アップルのヒット連発を見て、ゲイツも認識を改めたらしい。ジョブズが亡くなる数カ月前、本人に会ってこう伝えたという。

「普及するのは、オープンな水平モデルだと思っていた。でも統合された垂直モデルもすごいのだと君が示してくれた」

ジョブズもお返しをする。

「君のモデルもうまくいったじゃないか」

だがふたりとも、『スティーブ・ジョブズ』の著者ウォルター・アイザックソン相手には、一言追加している。

ジョブズはなかなかに辛らつだ。

「もちろん、ゲイツの分断モデルは成功したさ。でも、本当にすごい製品は作れなかった。そういう問題があるんだ。大きな問題だよ。少なくとも長い目で見るとね」

オープン戦略では、デファクトスタンダードのナンバーワンになることはできても、本当にすごい製品は作れない。細かく作りこめば対応できないメーカーが出てしまうからだ。対して垂直統合に成功すれば、本当にすごい製品を作り、オンリーワンとして君臨できる。

だが製品開発のハードルは高く、だれにでもできる話ではない。ゲイツはそこを指摘した。

「スティーブが舵を握っているあいだは統合アプローチがうまくいきましたが、将来的に勝ち続けられるとはかぎりません」

ジョブズという個人がいなければクローズドな垂直統合は成功しないのか、それとも、自分亡きあとも大丈夫なようにとジョブズが心血を注いで育てた組織ならもっと先まで行けるのか。オープン対クローズドの争いはいまも続いている。

アンドロイドの登場に激怒「すべて盗みでできた製品だ」

ｉＰｏｄ、ｉＰｈｏｎｅに続いてｉＰａｄを世に送り出し、ジョブズがクローズドな垂直統合を完成させたころ、スマホの世界にアンドロイドが登場した。グーグルが提供するオペレーティングシステムだ。

ジョブズは激怒した。「アンドロイドは抹殺する。盗みでできた製品だからだ。水爆を使ってでもやる」と尋常でない怒りをぶつけている。

悪夢の再来？

アンドロイドの登場は、ジョブズにとって、悪夢の再来としか思えない事態だった。

グーグルはアンドロイドを「オープン」なプラットフォームとした。ハードウェアメーカーは電話やタブレットで自由に使えるし、ソースコードさえオープンだ。対してジョブズは、オペレーティングシステムとハードウェアの一体化が持論だ。だから1980年代、アップルはMacintoshのオペレーティングシステムをライセンスしなかったわけだが、その結果、ライセンス提供を推進したマイクロソフトに市場をほぼ独占されてしまった。

そのマイクロソフトにようやく一矢報いることができたと思ったところで、またかよという話である。腹が立つのも当然だろう。

しかも、見方によっては今回のほうがひどい話なのだ。

Macintoshのとき、大本はゼロックスが開発したユーザーインターフェースだった。それをジョブズが洗練し、ゲイツが普及させたとみることもできる。

対してグーグルは、マルチタッチにスワイプ、ずらりと並ぶアプリのアイコンと、アップルが生み出したものをのきなみ採用していた。

加えて、グーグル創業者のラリー・ペイジとサーゲイ・ブリンはジョブズをメンター（助言者）と尊敬していた。ジョブズにしてみれば、「飼い犬に手をかまれた」と感じたはずだ。

さらに、iPhoneやiPadを開発していたとき、グーグルCEOのエリック・シュミットはアップルの社外取締役で、内情を知る立場にあった。これでは怒らないほうがおか

アンドロイドの発表当時、グーグルのCEOを務めていたエリック・シュミット。アップルがiPhoneやiPadを開発していたときにはアップルの社外取締役を兼務していて、内情を知る立場にあった。それだけに、ジョブズは、アンドロイドに激しい怒りを燃やした　（写真：ゲッティイメージズ）

しい。

『スティーブ・ジョブズ』の著者、ウォルター・アイザックソンによると、実際、２０１０年にアンドロイドのスマホを発売したＨＴＣ社を訴えた直後、ジョブズは、かつてないほど怒っていたそうだ。なんでもかんでも盗みやがった、この悪を正すためならアップルの流動資産４００億ドルを残らずつぎこむし、必要なら、最後の一息だってそのために使ってやる、と。

だが、さすがのジョブズも、訴訟などを通じてアンドロイドの販売を禁止することはできなかった。だからいまもアンドロイドのスマホは売られているし、世界的にはアンドロイドのほうが売れる状況にさえなっている（日本は例外でシェアが拮抗している）。

選べることが重要

ハードウェアとソフトウェアとコンテンツの処理を整然としたシステムに一体化し、シンプルな体験を提供するほうがユーザーにとっていい。それがジョブズの考えだ。

これは、スマホのアプリにも如実に表れている。ジョブズはユーザーに権限を与えない。そんなことをしたら統合が崩れてしまうからだ。だから、アップルのＡｐｐ Ｓｔｏｒｅ以外からアプリをインストールすることはできないし、アップルの審査を通らないアプリは公開できない。

このほうがユーザー体験は安定する。また、ユーザーの情報を不正に集めるアプリがまぎれ込みにくく、安心感もある。

だがクローズドにすればイノベーションが起きにくくなると指摘する専門家もいる。

たとえば、ハーバード大学法学部のジョナサン・ジットレイン教授は、インターネットが発展したのは奇跡的にオープンな環境になったからだと指摘。アップルがめざす「生み出す力を持たないアプライアンスが制御ネットワークにつながれている形」への移行はイノベーションを殺すと著書『インターネットが死ぬ日』（早川書房）で警鐘を鳴らしている。

しかし、本当にオープンな開発環境のほうがイノベーションを生みやすいのだろうか。私はアンドロイド（ＨＴＣ、サムソン）からｉＰｈｏｎｅに乗り換えたのだが、そのときはっきりと使い勝手が上がったし、いまにいたるまで、アンドロイドならあの機能が使えるのにと思うことも特にない。

アンドロイドのスマホはたしかに数多くのメーカーが販売しているが、機能を落とした廉価版まで展開されているという以上のことはないように感じる。もちろん、不要な機能にお金を払う必要などないわけで、自分に合った製品を選べる自由は大事だ。このあたりはオープンのメリットだろう。

開発環境がオープンだからこそのイノベーションとクローズドだからこそのイノベーション、両方ともあって選べるのが、ユーザーにとっては一番いいのではないだろうか。

コラム

特異な健康観が寿命を縮めた

ジョブズは特異な健康観を持っていた。

まず、若いころは果食主義に傾倒しており、果物を食べていればシャワーは不要だと信じていた。もちろんそんなことはなくて、あまりの臭いに近くでは仕事ができないとみんな言うほどだったわけだが。その後も、ベジタリアンで肉は食べなかったらしい。もっともトロや穴子の寿司が大好きだったことからわかるように、魚はいいことにしていたらしい。

残念だったのは、がんがみつかったとき、その健康観から手術を拒んでしまったことだ。体を開けていじられるのがいやだと、ニンジンとフルーツのジュースを大量にとる絶対菜食主義や有機ハーブ、ジュース断食、腸の浄化、水治療などに走ったのだ。9カ月後には手術をするが、すでに肝臓に転移していて、7年にわたる闘病生活の末、命を落とすことになってしまう。ジョブズが患ったタイプのがんは、当時でも早期手術の5年生存率が55%と言われていて、すぐに手術すればいまも元気に新製品を発表してくれていたかもしれないのに。

COLUMN

3章 未来への遺産編

~ジョブズを超える経営者は現れるか~

イーロン・マスクはスティーブ・ジョブズの再来か

ここ数年、世の中を騒がせている経営者といえばイーロン・マスクだろう。2023年秋に出版された彼の公式伝記『イーロン・マスク』（ウォルター・アイザックソン著、文藝春秋）も私が翻訳を担当させてもらったのだが、訳しながら思ってしまった——ある意味、スティーブ・ジョブズと似ているな、と。

ジョブズは細かなところまで突きつめた。Macintoshではウィンドウの角をどう丸めるのかにまでこだわった。iPodでは曲や機能に3クリック以内で直感的に到達できるようにしろと開発陣の尻をたたきまくった。ケースの内側やプリント基板の配線パターンなど、ユーザーから見えないところにまでこだわっている。

マスクも、「要件はすべて勧告として扱い、要・不要から問い直せ」「部品や工程を減らしてシンプルにしろ。最終的に、減らしたものの10％以上を元に戻さなければならないところまで減らせ」とふつうにはあり得ないレベルで物事を突きつめていく。

パワハラ魔神

人は「賢人」か「ばか野郎」しかいないし、その仕事は「最高」か「最低最悪」しかないとジョブズは考えていた。しかも瞬間的に判断し、だめだと思った相手はその場でクビにしたりした。だから、暫定CEOとして彼がアップルに復帰したころ、製品のプレゼンをしろと呼ばれるのを社員はみんないやがっ

いま、世界で最も注目を集める起業家、イーロン・マスク。その公式伝記が2023年9月に文藝春秋から発売された。著者は米国のジャーナリスト、ウォルター・アイザックソンで、翻訳は筆者（井口）が担当。2011年の公式評伝『スティーブ・ジョブズ』のコンビ復活である

た。製品が切りすてられるかもしれなかったから。自分も一緒に、だ。エレベーターに一緒に乗るのもいやだ。ドアが開くころにはクビになっているかもしれないから。これを避けようと階段に切り替えた社員もいたという。

マスクも似たようなことをする。現場で製造の問題を検討しているとき、なにがどうなっているのか、エンジニアが明快に答えられないと、「お前はばかやろうだな。出てけ。戻ってくんな」とその場でクビを切ったりしている。

ジョブズは言う。Aクラスのプレイヤーだけでチームを作ればすごい仕事ができる、だがそのためにはBクラスやCクラスの社員を切り捨てる必要があり、それは自分の仕事だからつらいけどやったのだ、と。

マスクは言う。自分の仕事をきちんとこなせていない社員に優しくするのは、自分の仕事をきちんとこなしている何十人もの社員に対して優しくしないことに等しい、と。

限界まで働かせる

優秀な人を好条件でつなぎ止めるのではなく、限界ぎりぎりまで働かせる点、優秀であり、かつ、限界まで働く人だけを集めようとする点もよく似ている。

アップルに返り咲いたとき、ジョブズは、長期休暇はキャンセル、蒸留酒、タバコ、ペットは禁止、高価な磁器の食器もありふれた食器に交換と、大企業病だと感じるものをすべて廃止し、敏捷性、活力、度胸に報いる実力主義を導入した。

マスクは、本気で仕事に取り組めと発破をかける。

「今後、ブレークスルーでツイッター2・0を作り、競争が激化していく世界で成功するため、我々は超本気にならなければならない。つまり、長時間、集中して働かなければならない」――ツイッターを買収した少し後、この考えに賛同する者のみ残れとマスクが社内に流したメッセージだ。その後人員整理に大なたをふるい、結局、社員を75％も減らしている。

性格と成果はセットなのか？

ふたりともむちゃくちゃなのだが、成果も挙げている。しかも、尋常でない成果だ。

ジョブズは、コンピューターに音楽、映画、通信の業界を変革し、我々の暮らしは、ジョブズ前・ジョブズ後と表現できるほどに変わった。マスクも、電気自動車と宇宙開発を変革したし、続けて、ロボットに脳埋込み型ブレイン・マシン・インターフェース、ＡＩ、ＳＮＳにも手を伸ばし、大きな成果を挙げている。

ああいう性格でなければ、あれほどの成果を挙げることはできないのだろうか。それとも、このふたりがたまたま似ているだけなのだろうか。

ジョブズは「シンク・ディファレント」広告で「自分が世界を変えられると本気で信じるクレージーな人こそが、本当に世界を変える」と訴えた。マスクも２０２１年5月8日のサタデー・ナイト・ライブ冒頭、こう語っている。

「感情を逆なでしてしまった方々に、一言、申しあげたい。私は電気自動車を一新した。宇宙船で人を火星に送ろうとしている。そんなことをする人間がごくふつうでもあるなどと、本気で思われているのですか、と」

言われてみれば当たり前だ。ふつうの人に挙げられる成果をふつうの成果と呼ぶわけで、逆に言えば、異様なレベルの成果など、異様な人にしか挙げられないに決まっている。言葉遊びに聞こえるが、「ふつう」とはそういうことだろう。だから、あれほどの成果はあのくらい変わった人でなければ挙げられないのだろう。

ジョブズとマスクの共通点は「使命感」と「垂直統合」

「イーロン・マスクはスティーブ・ジョブズとよく似ている」と指摘したが、それをもう少し掘りさげてみよう。

ふたりに共通するのは、まず、金銭欲より事業欲が原動力になっていることだ。だから、ふたりとも若くして億万長者になったあと、理想の事業を追求するあまり破産寸前に陥るなど、自らリスクを追い求めるような綱渡りの人生を歩んでいる。

もうひとつは、製品開発が垂直統合型であること。他社に頼らず、自社で完結する自前主義を貫いている。こちらも、実によく似ている。

ユーザー体験に丸ごと責任を持つ

スティーブ・ジョブズは、徹底的にユーザー体験を追求した。事業で大成功したのはあくまで結果であり、目的ではなかったのだ。その証拠に、公式評伝『スティーブ・ジョブズ』で「僕はユーザー体験に丸ごと責任を持ちたい。金儲けがしたいからじゃない。すごい製品が作りたいからやるんだ」と語っている。

だから、製品開発においてはクローズド戦略を徹底的に追求した。Ｍａｃｉｎｔｏｓｈは拡張や改造どころか、裏蓋さえユーザーには開けられなくしたほどだ。ハードウェアとソフトウェアを統合して一体化したし、それもあって、ハードウェアもソフトウェアもライセンス供与を拒み続けた。

しかも、「シームレスでシンプルなユーザー体験」という最終目標に照らして細かな部分を詰めていくから、アップル製品は完成度が高くなる。その完成度の高さは、いまなお他社の追随を許さない。

マスクのテーマは「人類を守る」

イーロン・マスクもお金のために事業をしているわけではない。彼は大学生のとき、早くも人生の目標を定めている。「人類に大きな影響を与えることがしたいと考えました。思いついたのは三つ。インターネットと持続可能エネルギーと宇宙旅行です」と明確なビジョンを描いたのだ。

三つめの夢として「宇宙」を挙げたのには理由がある。人類がほかの惑星にも住むようになっていれば、か弱い地球になにごとかあっても、人類の文明と「意識」は生き残れると考えたからだ。

マスクにとっては、この「意識」が重要だ。広い宇宙のなかで、人類だけが意識を持てたのかもしれない。人類以外、宇宙に意識はないのかもしれない。であれば、それを守り、維持する必要があるのである。そう考えているの

2013年11月、スペースXの本社があるロサンゼルスでビジネス誌フォーチュンの取材を受けたときのイーロン・マスク。彼の宇宙開発は「人類を守る」という常人には計り知れない使命感によるものだ
（Photo by Benjamin Lowy／Contour by Getty Images）

だ。だから、人類を守ることを究極の目標としている。

そして、マスクは、人類を守る一助となる各種事業を展開し、たくさんの会社を経営することになった。

地球がだめになったら人類が死滅するから、自動車の電化で温暖化を食い止めたいと考えた結果がテスラだ。小惑星の衝突や核戦争で地球が住めなくなっても人類の意識が残るように、一部でいいから火星に移住させるべきだと考えた結果がスペースXである。

事業の目的は金ではない。でも、事業が続かなければ「人類を救う」という目標は達成できないし、事業を続けるには金がいる。だから、最終目標が達成できる形で金が儲けられるようにビジネスモデルを工夫する。それがマスクのやり方だ。人類の火星移住を実現するにはロケット事業で儲けを出せなければならない。だから、人工衛星の打ち上げや国際宇宙ステーション往復のミッションをNASAなどから受注することにした。さらに、開発したロケットから自前の通信衛星を展開することで宇宙開発の資金を得ようと考えたのが、スターリンクである。

ちなみに、ロケット業界や自動車業界では、部品をサプライヤーから買うのがふつうだが、マスクはできるかぎり内製化している。コストを重視するし、もともとなんでも自分の思いどおりにしないと気がすまないからだ。その結果、ほんの数年で、スペースXはロケット部品の70％を内製するようになり、大幅なコストダウンを実現した。なんでも自分でコントロールしたい、だから垂直統合を追求する。このあたりもジョブズそっくりである。

最終目標は使命感

最終目標は使命感と表現することもできる。ジョブズは、人々の暮らしをよくすることで世界を変えたいと考えていた。マスクは、人類を守ることを使命としている。

使命であれば、万難を排して実現しようとするのも理解できる。周囲の人間がストレスですり減っても、崇高な使命を実現するためであれば、ある意味、許されるという感覚なのかもしれない（ジョブズもマスクも、本人は、許されるとか許されないとか、特に考えていないと思うが）。

時代を大きく転換する革命児には、使命感とどこまでも突きつめる粘り強さが不可欠ということなのではないだろうか。

ジョブズやマスクの下で働けますか?

スティーブ・ジョブズもイーロン・マスクも、部下には厳しすぎるほど厳しい。正直なところ、どちらの部下も私には務まらないと思ってしまった。

ヒーローかまぬけか

ジョブズは、部下をヒーローかまぬけかにぱっと二分し、まぬけは容赦なく罵倒するし、切ってしまうことも多い。たとえば、アップルの草創期、リサ(Ｌｉｓａ)コンピューターの開発スタッフはＢクラスのプレイヤーが多いと、4分の1も解雇してしまっている。

マスクはもっとすさまじい。頭でっかちで現場・現実を知らず、問いに答えられない社員ははばかやろうだと断じ、その場でクビにすることもある。大量解雇も珍しくない。スペースXの通信衛星部門、スターリンクでは上層部8人を総取っ換えしたことがあるし、ツイッ

2023年7月22日、イーロン・マスクは、大手ソーシャルメディア、ツイッターのロゴを「Ｘ」に変更すると表明。その発表から24時間もたたないうちに、同社本社ビルの看板が撤去された。またマスクは、同社社員の約4分の3を解雇。非情とも言える経営手法は物議をかもした　（写真：ゲッティイメージズ）

ターを買収したときなど、生産性の低い社員はいらない、超本気で仕事をがんばるやつだけにすると、社員の４分の３もクビにしている。

この背景には、マスクが抱く強い切迫感がある。のんびりしていたのでは、人類を火星へ送って複数惑星にまたがる文明にすることなど、いつまでたってもできるはずがないというのだ。

ただし、ふたりとも、必ずしも腹立ちまぎれではない、理由があるのだとはしている。

ジョブズは、Ａクラスだけのチームでなければいい仕事などできないのに、Ｂ

クラスのプレイヤーを甘やかすとBクラスやそれこそCクラスまで呼びこんでチームの質が下がってしまうと語っている。

マスクは、ちゃんとやれない者に優しくするのは、自分の仕事をちゃんとしている人々を傷つけるに等しい、だから厳しくしていると言う。

言葉は翻訳して聞け

また実際、ふたりとも、理由のある反論には耳を傾ける度量がある。

ジョブズは、よく、「そんなのはくだらない」とけなしていた。そう言われて萎縮したり腹をたてたりするのはまぬけである。だが逆に、これが一番いいやり方なのだと反論できれば大丈夫、だから、「くだらない」は「これが一番いいのはなぜか説明してみろ」と翻訳して聞けと、Ｍａｃｉｎｔｏｓｈ開発チームのアトキンソンは部下にアドバイスしていたという。本人も「お前は頭からつま先までくそったれだと誰でも僕に言えるし、僕も同じことを相手に言える。ギンギンの議論もしたよ。どなりあってね。あんないい瞬間は僕の人生にもそうそうないほどだ」と語っている。

公式評伝『スティーブ・ジョブズ』の著者、アイザックソンも「ジョブズは生涯を通じ、ごますりタイプよりもしっかりした人を身近におくことが多い」と評している。

このあたり、マスクも同様だ。ある部品や工程が不要なのではないか、なくせと指示した際、常識かもしれないが真偽が確認されていない「できない理由」や「すべきでない理由」を並べられると、ばかやろうだと粛清したりする。だが試したデータを示されれば、提案をすっと撤回する柔軟さも持ちあわせている。

最善を引きだす挑発

この厳しさには最善を引きだす挑発という側面もあるらしい。

「くだらないことをしている」とジョブズにけなされ、これが一番いいのだと筋道立てて反論した部下も、後日、もっといいやり方を思いついたという。ジョブズに疑問を投げかけられ、あらためて考えてみたからこその結果である。

マスクも、ひとしきり激怒したことをどう思うか密着取材で同行していたアイザックソンに尋ねられ、次のように語っている。

「ああいうやり方はあまり好まないのだけれど、でも、効果はあったでしょう？」

日本の場合、しこりを生むと対立は避けがちだ。だが、なにかを検討する際、反対意見がないと議論が深まらない。だから、あえて反対意見を出す。そういう側面がふたりにはあるのかもしれない。

成果は挙がっている。ふたりとも挙げている。

完璧な製品に仕上げたい。スケジュールと予算を考え、現実的な妥協をするなど許せない。そう考えてしまう完璧主義者だから、ジョブズはそこまでせずにいられなかったのだろうし、実際、他社と一線を画す製品を生み出せたのも、Ａクラスだけのチームを挑発して突きつめさせたからだろう。

マスクも、電気自動車に宇宙開発と大成功を連発している。もっとも、なにをどうしようが不可能を可能にできるわけではなく、ソーラールーフ事業のように、ＣＥＯを次々すげ替えても、結局、どうにもならなかったものもあるが。

ふたりとも凡人には理解しがたいし自分の近くにはいてほしくないのだが、このような人がいないと、世界はおもしろくならないし、技術も進歩しないのだろう。

ジョブズやマスクを支える内助の功と外助の功

スティーブ・ジョブズもイーロン・マスクも、上司になってほしくないと思ってしまうし、家族だったらなおさら大変だろう。だが、そんな彼らを支える人々がいる。

マスクの良心——ショットウェル

マスクを支える部下で特筆すべきは、スペースXのプレジデント兼COO（最高執行責任者）グウィン・ショットウェルだ。彼女はマスクが無視する人間的な側面に気を遣い、マスクに傷つけられた社員をフォローするなど、20年以上も側近としてマスクを支えている。

公式伝記『イーロン・マスク』（ウォルター・アイザックソン著）に、ショットウェルが細やかな気遣いを見せる場面が出てくる。

スペースX社でロケットエンジンの製作費を管理する財務担当者ルーカス・ヒューズが、

部品の原材料費を把握していないとはばかやろうだなとマスクから激しく叱責されたときのことだ。密着取材で同席していたアイザックソンが、どう思うかとショットウェルに尋ねると、答えは小声で返ってきた。

「ヒューズは7週間前に子どもを亡くしたと聞いています。最初の子どもだったのですが、生まれつきなにか問題があってずっと入院していたようです」

だからヒューズは仕事に身が入らず、珍しく準備不足だったのだろうというのが彼女の見立てだった。

実はマスクも、最初の子どもを赤ん坊のときに亡くし、何カ月も悲嘆にくれた経験がある。いくらマスクでもこの部下の心情は理解できたはずだ。そんなアイザックソンの指摘にショットウェルは「この件はマスクに話していない」と返す。

なぜ、ショットウェルは、ヒューズの事情をマスクに伝えなかったのか。伝えれば、さすがのマスクも優しく接したかもしれない。しかし、それではマスクがマスクでなくなってしまう。「傷ついた人のフォローは私がするから、マスクはいつもどおりガンガンやってほしい」――そんな思いがショットウェルにはあったのではないだろうか。

スペースXのプレジデント兼COO（最高執行責任者）を務めるグウィン・ショットウェル（左）。ロサンゼルスのスペースX本社でマスクの隣に陣取り20年以上も仕事を続けている。これは、マスクの部下で最長の記録である
（写真：ゲッティイメージズ）

その一方で、マスクが行きすぎたらブレーキをかける気概もある。たとえばスペースXの開発会議で、マスクが、背水の陣を敷こうとふと思い立ち、大型ロケット「ファルコンヘビー」の開発はやめてスターシップに集中すると言いだしたことがある。このときは、そんなことをしたら軍と結んだ大型偵察衛星の打ち上げ契約が果たせなくなるからダメだといさめている。

マスクを怒らせることなくはっきりものが言えるし、彼の勇み足を押し戻すこともできる。対等に接するが、相手が創業者でありボスであることも忘れない。だから、ショットウェルはマスクの隣で20年以上も

仕事を続けられているのだろう。

人生半ばで大化けしたジョブズ

スティーブ・ジョブズがアップルを追放されたのは1985年、「非常勤顧問」なる肩書きで復帰し、経営者として快進撃を始めたのは1996年だ。その間、わずかに10年あまり。なにがあったのだろうか。

この間、ジョブズは華々しい製品を次々と出しては市場で圧倒的な失敗を喫した。この失敗から学んだからアップルの復帰後に壮麗なる成功が続いたのだと、著名ジャーナリストのブレント・シュレンダーは『ビカミング・スティーブ・ジョブズ』（日経BP）で断じている。

それもあるだろう。だが私は、ローリーンとの結婚が大きかったのではないかと見ている。ジョブズはローリーンと1989年に出会い、1991年に結婚している。

ローリーンは表舞台に立とうとしないし、ジョブズはジョブズで身内のプライバシーを守ろうとするからだろう、公式評伝『スティーブ・ジョブズ』でも、がん闘病など私生活以外でローリーンが登場することは少ない。だがとても賢くしっかりしていて、ジョブズを支えていたらしい証言がいくつか記されている。

たとえば、Ｍａｃｉｎｔｏｓｈ開発メンバーのひとり、ジョアンナ・ホフマンは同書で次のように述べている。

「（ジョブズが）ローリーンと結婚したのは幸運でした……彼女は頭がよく、スティーブに知的な刺激を与えるとともに、上下に激しく揺れる嵐のような性格に耐え、彼を支えることができますから」

同じく開発メンバーだったアンディ・ハーツフェルドも「ローリーンは装甲をしっかり身につけている、だからあの結婚はうまくいったのだ」と語っている。

アップル復帰後もジョブズの性格は激しいまま変わっていないのに、最後の一線を越えて人間関係を崩すことがなくなったのは、ローリーンがそれとなく軌道修正していたからなのではないだろうか。

さすがのジョブズやマスクもひとりでなんでもできるわけではない。陰に日向に支える人がいて初めてその特異な力を発揮できるのだと思う。

人並み外れたこだわりは功罪相半ばする両刃の剣

スティーブ・ジョブズとイーロン・マスクに共通する特徴として強烈な「こだわり」が挙げられる。そのこだわりは世界を変える原動力になった一方、人の意見に耳を貸さず、周囲と軋轢を生じるなどマイナスの結果も生んでいる。

文系と理系の交差点に立つジョブズ

ジョブズは機能性と美の両立を追求した。これは育ての父、ポール・ジョブズの影響が大きい。職人気質の父から、戸棚や柵を作るとき、見えない裏側までしっかり作らなければならないと教えられたのだ。

だから、ジョブズは、２０２４年1月に発売40周年を迎えたＭａｃｉｎｔｏｓｈの初代を開発した際、ユーザーが目にすることのないプリント基板さえ、ラインの幅や並び方が美し

ネクスト社時代のジョブズ(右)。当時は無益なこだわりが仇となって大失敗を喫したが、このときの教訓を糧にすることで、アップル復帰後には奇跡的な成功を収めることになる。左はネクスト社に2000万ドルの資金援助をした投資家のロス・ペロー
(写真:ゲッティイメージズ)

くなるようにした。また、箱やパッケージもフルカラー印刷で印象深いものを作るようこだわった。開いたらゴミ箱に直行するものにそれほどの手間とコストをかけるのはバランスが悪すぎるとの反対を押し切って、である。

機能さえしっかりしていればいい、見えないところに手をかけるのは不要なコストだという考え方にも一理ある。いや、事業の世界ではそう考えるのが当たり前だ。

それではいけない、デザインとは、表面的にどう見えるかだけの問題ではなく、製品の本質を反映していなければならないとジョブズは考えていて、公式評伝『スティーブ・ジョブズ』で次のように語っている。

「ふつうの人にとって『デザイン』というのは、みて

くれのことさ。でも、僕にとっては、そんなのデザインじゃない。デザインというのは、人工物の基礎となる魂のようなものなんだ。人工物は、連続的に取り囲む外層という形で自己表現するんだ」

ジョブズは文系と理系の交差点に立つ人間であると自認し、次のようにも語っている。

「この交差点が僕は好きだ。魔法のようなところがあるんだよね。アップルが世間の人たちと心を通わせられるのは、僕らのイノベーションはその底に人文科学が脈打っているからだ。すごいアーティストとすごいエンジニアはよく似ていると僕は思う。どちらも自分を表現したいという強い思いがある」

製品やデザインに対する彼の異常なこだわりの裏には、「自分を表現したい」という強い欲求があったのだろう。

徹底的に理系なマスク

対してマスクは徹底的に理系で、物理的に可能か不可能かを突きつめる第一原理アルゴリズムなるものですべてを処理する。物理現象はごまかしが利かず、部品を減らしすぎればロケットが爆発するなどダメであることが突きつけられる。それを確認して、どこまで行けるのかを探っていくのだ。マスクが重視する「アルゴリズム」とは、以下のようなものである。

①要件を疑い、見直す
②部品や工程を減らす
③最適化してシンプルにする
④処理スピードを上げる
⑤自動化する

なんだそんなことかと思うかもしれないが、これを徹底的に行うことで、たとえば通信衛星のスターリンクでは製造コストを一桁も引き下げたというからすさまじい。

こだわりのマイナス面

もちろん、なんでもこだわればいいわけではなく、場合によって負の側面が出てしまうこともある。

ジョブズは、がんを早期発見できたというのに、健康観のこだわりから手術を拒み、享年

56歳とあまりに早い死を迎えてしまった。事業についても、アップル追放後に創業したネクストで、デザインや製造工程にこだわりすぎてしまった。その結果、発売が当初予定から2年半も遅れ、価格も跳ね上がって無残な結果を招いている。アップル復帰後、奇跡的な成功を連発できたのは、この苦い経験から学び、デザインやスケジュール管理を信頼のおける有能な部下に任せて自分のこだわりとバランスを取るようになったからだろう。

物理的に突きつめて大成功を連発してきたマスクも、人の心など、物理法則に支配されないものが大きな意味を持つ事業では苦戦している。具体的にはX（旧ツイッター）の経営だ。マスクはテクノロジーの会社だと思ってツイッターを買収したのだが、実際のところ、SNSとは、人の心という機微に富むものを原動力に動く側面もある。Xになって技術的な工夫がいろいろと進められているのはわかるが、ユーザーがなにを考え、なにを目的にXを使っているのかといったあたりの考察がうまくできていない印象がぬぐえない。

ジョブズもマスクも、強烈なこだわりが製品開発を支えている。しかしこだわりは、すぎると独善になりかねない。ジョブズはその危険に気づき、人生の終盤で大成功を収めた。マスクは、どうなるのだろうか。

日本をこよなく愛したジョブズ美意識探る「聖地巡礼」の勧め

スティーブ・ジョブズは日本好きだった。禅に傾倒し、出家して永平寺で修行しようと真剣に考えたことさえある。アップル復帰後は、ブルージーンズにスニーカー、黒いハイネックがトレードマークになるが、あのハイネックはISSEY MIYAKEである。しかも、廃番になっていたものをたくさん買うからと特別に作らせたという。また、公式評伝『スティーブ・ジョブズ』の表紙や彼が亡くなったときアップルが使った写真でかけているメガネは、フレームが鯖江製だ。こちらも、なくなったら困るからと山のように買いこんだため、帰国時、「個人が買う量じゃない。販売用だろう」と関税を課せられそうになって揉めたそうだ。

そんなふうだから、日本国内のあちこちにジョブズゆかりの「聖地」が存在する。もう10年以上も前になるが、ジョブズつながりの濃いメンツ、8人で、ジョブズの一周忌に京都の聖地をめぐったことがある。彼の美意識に触れた気がして実に楽しかった。

京都の聖地

京都におけるジョブズの定宿は俵屋旅館だった。庶民にはさすがにお高いので外から見るにとどめたが、ひなびた雰囲気で、ジョブズが好むのもわかるなという感じである。

お昼は俵屋旅館の近くにある老舗の蕎麦処、晦庵《みそかあん》 河道屋《かわみちや》である。ジョブズのことだからお気に入りの席があったはずだとお店の人に尋ねてみたが、残念ながらわからないとのこと。注文はシンプルなざるそばにした。ジョブズなら絶対にこれがお気に入りだったはずだと思ったからだ。

夜は、最後の京都旅行の最終夜に訪れ、人生最高の寿司だったとジョブズが絶賛したお寿司屋さん、すし岩だ。こちらにはジョブズ直筆の色紙が飾ってあるし（ジョブズがいわゆるサインをするのは珍しい）、座ったのはその席だったよと教えてももらえた。ちなみに、その席とはカウンターの端。『ジョブズの料理人』（日経ＢＰ）によると、17年にわたって通い続けたシリコンバレーの寿司屋でも、同じように、カウンター内側から見て一番左手奥の席

人生最高の寿司だとジョブズが絶賛したすし岩の「ジョブズ席」に座る筆者（聖地巡礼ツアーの参加者が交代で座り、写真を撮りあった）。こだわりの強いジョブズは、ほかの店でもカウンターの右端を愛用していたらしい。ネタケースにさえぎられず、職人さんの仕事ぶりが見えやすいのがよかったのだろうか

を愛用していたという。なにごとにつけこだわるジョブズらしい話である。すし岩では、もちろん、ジョブズが絶賛したカマトロを、コースの最後に追加してもらった。

　ジョブズは、苔寺や龍安寺も愛していたという。禅に傾倒していたから、惹かれるのはどうしても禅寺になるのだろう。

　我々のツアーでは苔寺を訪れ、この庭を見ながらジョブズはなにを考えたのだろうと思いをはせつつ、じっくりと時間をかけて散策した。

東京の聖地

東京にもジョブズの聖地と言える寿司屋がある。東京の定宿だったホテルオークラの地下にある久兵衛である。いや、あったと言うべきか。ホテルオークラの建て替えで、ジョブズが訪れた店舗そのものはなくなってしまったからだ。

そうなる前にと、京都聖地ツアーを企画してくれたブロガーさんとふたり、久兵衛を訪れてみた。一番のお目当ては、穴子である。認知も長らく拒むなどあまりいい親子関係とは言いがたかったひとり目の娘、リサとともにここを訪れたとき、大の好物だとジョブズが穴子を頼んだそうで、温かい穴子が口のなかで崩れるほろりとした感覚をいまもよく覚えているとリサが語ったと公式評伝にあったからだ。

余談だが、『スティーブ・ジョブズ』の英語版（原書）では、〝unagi sushi〟となっていたのを、高級寿司店で鰻は出てこない、穴子だったはずだと、一応、編集さん経由でお店に確認した上で、日本語版は「穴子」と訳してある。

久兵衛の穴子はこだわりの逸品で、入荷したもののうち一番いい極上品だけを回してくれとあちこちに頼んでいるのだそうだ。1カ所からまとめて仕入れたほうが安くなるが、極上品だけでは量的に足らず、質がそれなりのものまで混じってしまう。それを避けるためだという。さらに、穴子は輸送のストレスで身をこわばらせてしまうので、丸一日水槽でゆっくり泳がせ、リラックスさせてからしめる。庶民が気軽に食べられるお値段ではないのだが、そこまで手をかけるのであれば納得である。

ジョブズは食べ物もこだわりが強く、好きなものばかり食べる傾向がある。久兵衛では穴子ばかり頼んだらしいし、京都のすし岩ではマグロのカマトロを7貫も食べたという。

ジョブズが愛した一級品の数々

ジョブズの「聖地」はまだまだある。ジョブズが修行を考えた永平寺は必須だろう。京都は新門前通の古美術商で新版画や陶器を見て歩くのも楽しそうだ。

ジョブズが愛した日本の食文化、寺社、建築、服飾、装飾品などは一級品ばかりである。彼が日本に残した足跡を聖地巡礼でたどれば、最近、我々が忘れがちな伝統的な日本の美意識を再発見できるだろう。

次善の策だったクック後任指名
安全運転で手堅く業績を拡大

2009年、ジョブズは、肝移植などの腫瘍治療を行う病気療養休暇に入った。その間、暫定CEOとしてアップルを託されたのが、のちに後継者として指名されるティム・クックである。

クックは、ジョブズがアップルに復帰したあと、立て直しの要として引き入れた人物だ。在庫が積み上がるなどぜい肉だらけだった業務をスリム化し、製造部門の効率を上げる。その指揮を執るには、うってつけの人物だった。

クックは、次から次へと質問して細かな点まで掘りさげ、最良を追求する。要求がとにかく厳しい。たとえば在庫回転率。『沈みゆく帝国　スティーブ・ジョブズ亡きあと、アップルは偉大な企業でいられるのか』（日経BP）によると、年に8～10回と業界平均以下だった回転率を業界トップクラスの25回まで高め、将来的にはこれを100回にすると、誇らし

2019年9月、カリフォルニア州クパチーノ市にあるアップル本社で、新製品群を発表するイベントの入場者に手を振るティム・クック。クックは手堅い経営でジョブズ亡きあとの重責を果たし、順調に業績を伸ばしてきた。CEO就任からすでに13年。後任候補の噂も飛び交い始めている　（写真:ゲッティイメージズ）

げに報告してきた事業所にさえ「どうすれば1000回にできる？　考えてみてくれたまえ」と問うたそうだ。そして、着任から18カ月で在庫回転率を年に365回まで上げた。「在庫のアッティラ王」を自認する男の面目躍如である。

性格はジョブズと真反対

クックは優秀だ。だが、ジョブズとは方向性がまるで違う。

気分屋のジョブズに対し、クックは、冷静沈着に合理性を追求する業務の鬼才である。ジョブズはイノベーターであありビジョナリーであるのに対し、クックはサプライチェーンマネジメントからカスタマーサポート、在庫管理を得意としている。言い換えれば、ジョブズが大嫌いな部分をクックはカバーしている。だから、ジョブズの副官としては最高の人材だった。

だが、後継者としてはどうなのか。

経営者としては手堅い。まちがいない。だから、ジョブズが病気療養休暇に入り、クックを暫定ＣＥＯにすえても株価は落ちなかった。クックはジョブズ自身が何年もかけて鍛えた人物で、クックなら経営を任せて大丈夫だと世間も同意してくれたわけだ。

ただ、このときジョブズは不機嫌になった。自分がいなくてもアップルは心配ないと思われたのがしゃくだったのだ。

製品開発の意欲も気力も衰えておらず、やりたいことがまだたくさんあったのだろう。だが、闘病で体力は落ちていくし、先が長くないのはあきらかだ。続投は不可能で、後任を選ばなければならない。

最終的に後継者として指名されるのはだれなのか。世間の下馬評は大きくふたつに分かれた。ひとつは、暫定ＣＥＯに指名され、経営手腕を実証したティム・クック。もうひとつは、ジョブズと二人三脚で製品のデザインを主導したジョナサン・アイブである。自分と同じイノベーターを選ぶのか、対照的な在庫のアッティラ王を選ぶのか。

ジョブズが選んだのはクックだ。自分が去ればアップルは嵐にさらされる。嵐を乗り切るには、堅実に経営できる男がいいと思ったのだろう。

もの足りない製品開発力。それでも売上と利益を拡大

だが、ジョブズが亡くなったあと、あっと驚く製品が出てこなくなった、やはりクックではだめだ、アップルは終わったという声があちこちで上がった。

そう言いたくなる気持ちもわからないではない。

ジョブズがアップル復帰から亡くなるまでの15年で発表した画期的な製品はｉＰｏｄ、ｉＰｈｏｎｅ、ｉＰａｄなど枚挙にいとまがない。音楽や通信の業界そのものを根底から変えてしまってもいる。

対してクックは、新カテゴリーの製品、Ａｐｐｌｅ Ｗａｔｃｈを発表するのに4年ほどもかかっているし、製品そのものもスマートウォッチ市場をリードする存在にはなったが、

業界を一新するほどのインパクトはなかった。また、その後、ＡｉｒＰｏｄｓは手堅く成功し、空間コンピューターと銘打ったＶｉｓｉｏｎＰｒｏは高性能で大きな話題となっているが、ＨｏｍｅＰｏｄはどうにもかんばしくないし、業界の革新を狙って開発してきた自動運転技術搭載の電気自動車からは撤退を余儀なくされるなど、全体を通して見ると成功ばかりとは言いがたい。

ジョブズ時代に比べるとアップルの製品開発力が鈍り気味なのは事実で、アップルファンがクックに物足りなさを感じるのも無理はない。

しかし、クックはＡｐｐ ＳｔｏｒｅやｉＴｕｎｅｓなどデジタルサービス部門の収益を拡大し、トップ就任後の10年間でアップルの売上を3・4倍、純利益を3・7倍に増やした。このため、投資家やアナリストなど玄人筋の評価は安定しており、株価も右肩上がりを基調に推移している。

ジョブズも生前「クックは製品開発が得意なタイプではない」と不満を漏らしている。それでもジョブズはクックを選んだ。好き嫌いを超えた冷静な選択で、さすがは希代の経営者、ジョブズと言うべきだろう。

STAY HUNGRY STAY FOOLISH

　本書の執筆は、スティーブ・ジョブズを歴史的な視点でとらえ直すよい機会だった。彼の足跡をたどると、その存在がとても大きかったことを突きつけられる。いま我々の身近にあるスマホ、タブレット、音楽配信、GUIのコンピューターなどは、いずれもジョブズが先鞭を付けたものだ。「ジョブズがいなくても、IT革命は時代とともに起きたはず」と言う人もいるし、それはおそらく正しいのだが、その中身は大きく違うものになったと思う。

　彼が亡くなってはや13年。世界をあっと言わせるほどの製品は出てきていない。歴史にもしもはないが、もしジョブズという異才が活躍してくれなければ、我々の暮らしは、もう少し不便でもう少しおもしろくないものになっていただろう。

　ジョブズは非常識なほど風変わりで気難しく、協調性はゼロだった。それゆえ周囲と大きな軋轢が生まれたが、それでもアメリカ社会は彼を認めて受け入れた。その懐の深さがあったから、彼の才能が開花した。ジョブズが日本に生まれていたら、まったく話が違っていたはずだ。

変人ジョブズを拾った名経営者

大学を中退したジョブズはアタリというゲーム機器の開発会社に拾われたのだが、この会社を創業したノーラン・ブッシュネルが『ぼくがジョブズに教えたこと』という本を書いている。原題は「FINDING THE NEXT STEVE JOBS」で、次なるジョブズの探し方を全51カ条にまとめた本だ。そしてこの本の第11条「いじめられる人を探そう」には、クリエイティブな人はちょっと変わっていて、家や学校、職場でいじめられてつぶされ、自信を失いがちだと記されている。

実際、アタリに採用されたジョブズも周囲の人間に煙たがられ、「やつをクビにしろ」との声まで上がった。それでもブッシュネルは、夜勤にする奇策でジョブズを救っている。ジョブズほどの変人を拾い、活躍の場を与えるブッシュネルのような人がいることが、アメリカの強さなのではないだろうか。

「人生を左右する分かれ道を選ぶとき、一番頼りになるのは、いつかは死ぬ身だと知っていることだと思います。この意識があれば、なにかを失うと心配する落とし穴にはまらずにすむのです。自分の心に従わない理由などありません」スタンフォード大学の卒業式でジョブズが残した言葉だ
（写真:ゲッティイメージズ）

小さくまとまった大人になるな

ブッシュネルは、また、「人はみな、創造性を秘めているが、自分のクリエイティブな考えを他人に押しつけられるほどの自信を持てるのは、横柄な人間だけなのかもしれない」として「鼻持ちならない人を雇おう」とアドバイスしている。「創造性と狂気は紙一重」で、「クリエイティブなアイデアというのは、まずまちがいなく、まわりにクレイジーだと思われる」として「クレイジーな人を雇おう」とも。

ジョブズ本人も、スタンフォード大学

卒業式の祝辞を「STAY HUNGRY. STAY FOOLISH」で締めている。

この後半は、「愚かであれ」「愚か者であれ」「馬鹿であれ」などさまざまな訳があるが、私は、公式評伝『スティーブ・ジョブズ』で「分別くさくなるな」とした。

ジョブズがここに込めた想いは、「社会とか現実とかしがらみとか、そんなことは無視して突っ走る若者らしさを持ち続けろ」だと私は考えているからだ。若者らしさを持ち続けろ、小さくまとまった大人になるな、分別などという雑音に負けるな、常識破りの考え方をするとがった人間になれということだ。

ちなみに、このジョブズの演説は米国史上最高のスピーチとも評されていて、ウォルター・アイザックソンも「品格でこの祝辞を超えるものはない」と絶賛している。

心の命じるままに動く

日本でも、近年、画一性を求める教育などの弊害が指摘されていて、そのあたりを改善する動きも見られる。これから大きくなる子どもたちには、ぜひ、創造性を失わず、若者らしさを保って歩んでほしいものだ。

すでに「大人」になってしまった我々はどうなのだろうか。年をとると人の目を気にしたり、生活を他人と比較したりしがちだ。これこそ若者らしさを失った証拠で、ジョブズなら絶対にしないはずだ。そう、私を含め、大人の多くは若者らしさを失ってしまっている。

だが手遅れということはないだろう。失ったなら取り戻せばいいのだ。ふだんの生活など身近なちょっとしたことでいいから、若者のころならどうしただろうと思いをはせ、そちらを選んでみるくらいはできるはずだ。恐れず、心の命じるままに動いてみてはどうだろう。そうすれば、ほんの少しかもしれないが、人生がおもしろくなるのではないだろうか。

ジョブズだって、40歳前後で大きく変わって希代の経営者となった。若者らしさだけで突っ走っていたのが、若者らしさを保った大人になったと言ってもいい。人はいくつになっても変わることができるのだ。

STAY HUNGRY.
STAY FOOLISH.
ハングリーであれ。
分別くさくなるな。

コラム

「驚異のプレゼン」の裏に周到な準備

ジョブズはしゃべりがうまい。ジョブズに言われるとなぜかその気になる、現実歪曲フィールドをまとっているなどと言われたほどだ。そういう当意即妙な説得の言葉でさえうまいのに、プレゼンなどは、文言から間《ま》にいたるまでしっかりと組み上げ、徹底的に練習して臨んでいた。ごく自然にしゃべっているように見えるが、実は、じっくりと練り上げ、練習に練習を重ねたしゃべりなのだ。

だから、細かなところにもこだわる。たとえばシンク・ディファレント。ふつうならディファレントは動詞のシンクにかかり、シンク・ディファレントリーと副詞にすべきだと考えるし、実際、アップル社内もそういう意見が大勢を占めていた。

しかしジョブズは、「ディファレント」を名詞として使うことを強く求めた。「シンク・ビクトリー」や「シンク・ビューティー」と同じパターンだから文法的にもまちがいではない。同じことを考えるな。違うことを考えろ。そう言いたいのだと訴えて。

4章

ジョブズ名言録20

~珠玉のメッセージ、私はこう翻訳した~

Have the courage to follow your heart and intuition. They somehow already know what you truly want to become.

「自分の心に従う勇気、自分の直感を信じる勇気を持とう。本当はどうなりたいのか、心の奥底ではわかっているものなんだ」

希代の経営者とたたえられたジョブズだが、組織も経営もあまり語らない。彼が語るのは「人」だ。

人が本当に力を発揮するのはどういうときか。大好きなことをするときだ。だから、大好きなことをしよう、大好きなことを仕事にしよう、仕事を大好きになろう――彼はそう訴えたし、実際に自分もそう生き抜いた。

そもそもジョブズはわがままだ。好きでもないことを仕事だからと毎日するなど耐えられない。だから、自分が欲しいと思うものを作り、それを欲しいと思う人に届けた。いたずらに興じた学生時代のブルーボックスしかり、アップル創業の礎となったアップルＩしかり、大好きな音楽を持ち歩きたいと作ったｉＰｏｄしかりである。

大好きだから中途半端なことはしない。とことん作りこむ。その結果、大好きがたくさん詰まった製品が生まれる。だから、社会現象となるほど熱狂的に支持されたのだろう。

If today were the last day of my life, would I want to do what I am about to do today?

「今日が人生最後の日だとしても、今日、する予定のことをしたいと思うか」

大好きなことをしよう。そう思って生きていても、いろいろなしがらみから、いつのまにか「しなければならないこと」に忙殺されている——よくある話だ。だから、ジョブズは、毎朝、鏡に向かって、「今日が人生最後の日だとしても、今日、する予定のことをしたいと思うか」と自問したという。「ノー」と答える日が続くなら、なにかを変えなければならないわけだ。

「人生を左右する分かれ道を選ぶとき、一番頼りになるのは、いつかは死ぬ身だと知っていることだ」ともジョブズは語っている。人生にはかぎりがある。それこそ、今日で終わってしまうかもしれない。そうなっても悔いが残らないように今日を生きる。そういう今日になるほうの道を選べばいいということだろう。

ジョブズ自身、この自問自答により、そういう生き方ができているか否か、毎日確認していた。だから、ジョブズは、ふつうの何倍も濃い人生を歩み、コンピューターに音楽、映画、通信と四つもの業界を根底から変える偉業を達成できたのだ。

Even if we lose our money,
we'll have a company.
For once in our lives,
we'll have a company.

「お金は失うかもしれないけど、自分の会社が持てるよ。一生に一度のチャンスだ」

会社を作り、アップルⅠを作って売ろうよと、盟友・ウォズニアックを誘ったときの言葉だ。ウォズもジョブズもおもしろいことが大好きで、一緒にいろいろなものを作り、いたずらをしてきた。そして、ついに、これはと思うこと、大好きなことがみつかった、自分たちが心から欲しいと思うもの、アップルⅠが作れた。だから、親友ふたりで会社を作ってみようよ、絶対におもしろい経験ができるよと誘ったのだ。

一獲千金が狙えるよと誘わない。有名になれるよと誘わない。シリコンバレーにおける起業の一般的なイメージとはかけ離れた誘い方だ。だが根本がこうだからこそ、ふつうでない製品を次々に生み出すことができたのだろう。

ジョブズ本人も語っているが、利益を出すのも大事だ。利益があればこそ、すごい製品を作り続けられるのだから。でも、原動力は製品に対する情熱だ。これを逆にしたら、利益を目的にしたら、誰を雇うのか、誰を昇進させるのか、会議でなにを話し合うのかなど、すべてが変わってしまう。この優先順位、ジョブズは、最後までブレなかった。

We figure out what we want.

「僕らは、まず、自分が欲しいものは何なのかを把握する」

製品の開発では、ふつう、フォーカスグループという形でマーケティングリサーチを行い、ユーザーの望みを把握する。欲しいと思われないものを作っても売れないからだ。

だがジョブズはフォーカスグループを使わない。なぜ使わないのかと尋ねられたとき、ジョブズが返したのがこの言葉である。自分が心の底から欲しいと思うのは何かと考える、他人に尋ねたりしないというわけだ。アップルでは、ジョブズや社員がフォーカスグループとして機能していると言ってもいいだろう。

これは、大好きなことをしようという方針にも沿う言葉だ。自分が心から欲しいと思うものを作らずして、仕事を大好きになどなれるはずがない。逆に仕事が大好きであれば、邁進もできるし、すばらしい製品も作ることができる。

なお、この言葉には続きがある。「そして、同じものを多くの人も欲しがるかどうか、きちんと考える」だ。これができれば、ひとりよがりでない「自分の好きなもの」を作れるわけだ。「我欲す」と「皆欲す」が製品開発という車の両輪なのだ。

People don't know what they want until we show it to them.

「欲しいものを見せてあげなければ、みんな、それが欲しいなんてわからないんだ」

これもアップルにおける製品開発の原則を語る言葉だ。この言葉については、ジョブズ本人が次のように説明してくれている。

「顧客が望むモノを提供しろ」という人もいる。僕の考え方は違う。顧客が今後、なにを望むようになるのか、それを顧客本人よりも早くつかむのが僕らの仕事なんだ。ヘンリー・フォードも似たようなことを言ったらしい。「なにが欲しいかと顧客にたずねていたら、『足が速い馬』と言われたはずだ」って。欲しいものを見せてあげなければ、みんな、それが欲しいなんてわからない。だから僕は市場調査に頼らない。歴史のページにまだ書かれていないことを読みとるのが僕らの仕事なんだ。

すさまじい矜持である。一歩まちがえれば、単なるひとりよがりになってしまう。そうならないのは、心の底から欲しいと思うレベルまで突きつめ、さらに、同じものを多くの人も欲しがるかどうか、きちんと考えるからだろう。

Let's go invent tomorrow instead of wondering about what happened yesterday.

「昨日を思い悩むより、明日を作ろう」

人は後悔する生き物だ。うまくいかないことがあれば、ああすればよかったのではないか、こうすればよかったのではないかと思い悩むし、物事がうまく運べば運んだで、こうすればもっとよくなったのではないかと、つい、考えてしまう。

でも、過去は変えられない。だから悔やむより、将来に役立つことをしたほうがいい。ただし、将来の予測は難しい。ジョブズでさえ、「この点とこの点がいつかつながると将来を見通すことはできない」と指摘しているほどだ。

であれば作ってしまえばいい。逆転の発想である。コンピューターの世界で有名な研究者、アラン・ケイが「未来を予測する最良の方法は、自分で作りあげることだ」と語っているのだが、実はこれもジョブズお気に入りの言葉である。

「ジョブズくらいになればそうも言えるだろうけど」と萎縮しないこと。スケールに大小はあるかもしれないが、我々も、大好きなことに邁進すれば自分の望む明日を開拓できる。ジョブズは、そう語りかけてくれているのだ。

Creativity is just connecting things.

「創造力というのは、いろいろなものをつなぐ力だ」

「創造」とは新しいものを創りだすことだ。そう辞書にも書かれている。だが、その「新しいもの」は、たいがい、既存のものの組み合わせでできている。先人の肩に乗せてもらっているのに創造的だと感じられるのは、なんの関係もないとふつうの人には見えるものが組み合わされているからだ。この組み合わせをジョブズは意識的に行っていた。

スタンフォード大学卒業式の祝辞では「点と点を結ぶ」と表現し、次のように語っている。

「この点とこの点がいつかつながると将来を見通すことはできません。後ろをふり返って初めて、ああ、この点とこの点がつながったんだと気づくのです。だから、点はいつかつながると信じるしかありません」

効率よく、将来に役立つことだけを学び、経験しようとすれば、将来的につなぐことになるはずの点が手に入らない。目先のコスパやタイパを追うと、気づかないうちに大きな損をしているかもしれないわけだ。だから、役に立つだろうかなどと考えず、大好きなことに突きすすめばいい。

Edwin Land of Polaroid talked about the intersection of the humanities and science. I like that intersection. There is something magical about that place.

「文系と理系の交差点、人文科学と自然科学の交差点という話をポラロイド社のエドウィン・ランドがしているんだけど、この『交差点』が僕は好きだ。魔法のようなところがあるんだよね」

ジョブズはこの「交差点」が大好きで、リベラルアーツ通りとテクノロジー通りの交差点を示す道路標識でプレゼンテーションを締めることが多かった。交差するのは、ここに出てくる文系と理系、人文科学と自然科学のほか、リベラルアーツとテクノロジー、芸術と技術、人間性と科学など、いろいろな言い方をしているが、その本質はひとつだろう。

リベラルアーツとは特定の専門分野に偏らない一般教養のことで、幅広い分野を学び、多角的な視点と批判的な思考力を身につけることをめざす。つまり、専門バカになるな、幅広い興味と視野を持てと言っているわけだ。

ジョブズ自身、リベラルアーツ教育で知られるリード・カレッジに進学。そこでふと興味を引かれてカリグラフィーを学んだから、のちに、Ｍａｃｉｎｔｏｓｈに美しいフォントを多数搭載し、デスクトップパブリッシング革命を引き起こすことになったという。

Journey is the reward.

「旅こそが報い」

Macintosh開発チームの研修合宿でジョブズが掲げたテーマが、この言葉である。製品開発なら、最終的にどういうものができあがるのかなど終着点も大事だ。だが、それと同じくらい大事、いや、それ以上に大事なのが、終着点にいたる「旅」だというのである。なにを考えるのか、なにをするのか、なにを楽しむのか、そして、なにを学ぶのか。

人生についても同じことが言える。ジョブズ自身、亡くなるわずか3カ月ほど前に、自分は「旅こそが報い」という人生を歩んできた、「そして、その旅の道のりで僕はいくつかのことを学んだんだ。そう、いくつか学んだことがあるんだ。本当に学んだんだよ」と語っている。

人生については、「最後に自分がよいと思える生き方をしろ」と言い換えることもできるだろう。前述の「今日が人生最後の日だとしても、今日、する予定のことをしたいと思うか」と自問して、一日、一日、積み重ねていけば、きっと、いい旅だったと最後に言える人生になるのではないだろうか。

We're gambling on our vision, and we would rather do that than make "me-too" products. For us, it's always the next dream.

「我々はビジョンに賭ける。『後追い』製品など作らず、次なる夢を追い続けるのだ」

パワーポイントの開発者となるロブ・キャンベルは、創業期のアップルに誘われた際、検討材料を得ようと、パーソナルコンピューターのビジョンを尋ねてまわったという。そのとき他社は「次のホリデーシーズンでみんなが買いたいと思う大ヒットになる」「1株2ドル以上まで株価を引き上げてくれる」などと回答したが、アップルを創業したばかりのスティーブ・ジョブズは、パーソナルコンピューターで世界がどう変わるのかを1時間も熱心に語り続けた。それから30年以上たっても、思いだすと鳥肌がたつ体験だったらしい。

この事業は絶対に儲かる、波に乗れる――そんなものはビジョンでもなんでもない。ビジョンとは、どういうものを作りたいのか、それを作ることでなにをしたいのか、なにを実現したいのか、だ。どういう明日を作りたいのか、だ。

たとえばアップルストア。ゲートウェイが郊外店を展開して傾き、逆にデルが無店舗の直販で成功している時代に、「人々の暮らしを豊かにする」をビジョンに、地代がばか高いモールに出店し、記録的な大成功を収めた。夢を実現したのである。

**Never be afraid of
cannibalizing yourself.
If you don't cannibalize
yourself, someone else will.**

「共食いを恐れるな。自分で自分を食わなければ、誰かに食われるだけだ」

大企業は、革新的な技術の開発や新興市場への参入で後れを取りがちだ。いわゆるイノベーションのジレンマである。理由はいろいろあるが、自社を支える事業を自分で食ってしまう共食いが起きかねないというのが大きい。特に、カンパニー制などで独立採算にしていると、食われかねない部門が強く反発し、社内抗争に発展したりする。

ｉＰｈｏｎｅを出せば、快進撃中のｉＰｏｄが食われてしまう。そういう心配は当然にあったわけだが、ジョブズは「共食いを恐れるな。自分で自分を食わなければ、誰かに食われるだけだ」と前に進んだ。これはジョブズが基本とした事業戦略であり、だから、組織も独立採算を取り入れず、会社全体で損益を考える形とした。

独立採算制は大企業を効率的に経営する手法だ。だがそうして効率を重視すると、もっと大きなところで非効率になってしまう。学びと一緒で、効率を求めてコスパやタイパを重視すると、ほかで大きな損をしてしまうわけだ。

最終的な目的はなんなのか。それを見すえていれば、共食いなど恐るるに足らずである。

Innovation has nothing to do with how many R&D dollars you have. When Apple came up with the Mac, IBM was spending at least one hundred times more on R&D. It's not about money. It's about the people you have, how you're led, and how much you get it.

「イノベーションは研究開発費の多寡に左右されない。アップルがマックを開発したころ、IBMは我々の100倍以上も研究開発費を使っていた。大事なのはお金じゃない。人だ。どういう人を集めるか。その人がどう導かれるか。どれほど学ぶか。それ次第なんだ」

人の力を信じたジョブズらしい言葉である。

もちろん、研究開発費が少なすぎてどうにもならないケースだってあるだろう。でも逆に、予算が潤沢でも人材が貧弱では、開発など、まちがいなくおぼつかない。

だからジョブズは、Aクラスのプレイヤーだけでチームを作ろうとした。多少はしかたがないとBクラスのプレイヤーを入れれば、そいつがまたBクラスを呼びこみ、気づいたらCクラスまでいる状態になってしまうと言って。

また、なにかでまぎれこんだ「まぬけ」はクビにした。チームをすばらしい状態に保つのは自分の仕事だ、自分がやらなければ誰もやらないから、と。このあたり、ジョブズは厳しかった。「僕はまわりに厳しくあたった。あそこまで厳しくなくてもよかったんじゃないかとも思う」とジョブズ自身が語っているほどだ。

Simplicity is the ultimate sophistication.

「洗練を突きつめると簡潔になる」

アップルⅡを発売した際、パンフレットの表紙に掲げた言葉である（元はレオナルド・ダ・ビンチの言葉だと言われている）。ちなみに、一口かじったリンゴのロゴができる前で、パンフ表紙には、この言葉とともに真っ赤なリンゴが印刷されていた。

この言葉は、このあと、ジョブズのデザイン哲学を支える柱となる。

ジョブズは、どの製品も、デザインや使い方をとことんシンプルにした。しかも、直感的に使い方がわからなければならない。たとえば・iPodの開発では、曲でも機能でも3クリック以内でたどり着けなければならないし、どこをクリックすべきか直感的にわからなければならないとした。機能やユーザーインターフェースについて深く考え、洗練させることで、全体をシンプルにしていったのだ。

洗練を突きつめてシンプルにするのは難しい。ジョブズも、「シンプルにする、つまり、背景にある問題を本当に理解し、エレガントなソリューションを考えだすというのは、とても大変な作業なんだ」と語っている。

A great carpenter isn't going to use lousy wood for the back of cabinet, even though nobody is going to see it.

「優れた家具職人は、だれも見ないからとキャビネットの背面を粗悪な板で作ったりしない」

これをジョブズは、育ての親ポール・ジョブズから学び、アップルの製品開発を支える柱とした。

だれも見ない部分なら、だれも気づかないかもしれない。だが作った本人は全部わかっている。そこは手を抜いたとわかっている。美を、品質を、最初から最後まで貫きとおさなければ、夜、心安らかに眠ることなどできない。だから、コンピューター内部の基盤上に並ぶチップや回路の配列にも美しさを求めた。

暴走気味だったネクスト社時代には、マシン内部にも高価なメッキねじを使ったり、キューブケースの内面もつや消しの黒で仕上げようとしたりしたほどだ。

これはさすがにやりすぎだろう。でもたしかに、だれも見ないからと手を抜いていれば、そのうち、「××だから」と理由をみつけてはあちこち手を抜くようになってしまう。人とはそういうものだ。だから見えないところもおろそかにしない。そうでなければ、「洗練を突きつめた」とは言えない。そういうことだろう。

And it comes from saying no to 1,000 things to make sure we don't get on the wrong track or try to do too much.

「1000ものことにノーと言う必要があります。まちがった方向に進まないためにも、また、やりすぎないためにも」

消費者家電の大手は、幅広いニーズに対応するため商品の種類を増やそうとする。アップルは逆だ。驚くほど少ない数の商品で莫大な売上をたたき出している。この選択と集中を支えているのが、この方針である。

選択と集中とは、集中すべき案件にイエスと言うことだと一般には思われているが、それは大まちがいであり、集中すべきでない、たくさんの優れたアイデアにノーと言うことだ

——ジョブズ自身、雑誌の取材にこういう趣旨の回答をしている。

言うは易く行うは難し。

新しいモノを作れば満たせるニーズがある。であるのにノーと言うのは難しい。ジョブズも、これが難しいことはよくよくわかっている。そうでなければ、「何をしてきたかと同じくらい、何をしてこなかったかを誇りたい」なんて言葉が出てくるはずがない。

日本の経営者や管理職にとって、一番難しく、一番勇気がいるのはこれかもしれない。

Do you want to spend the rest of your life selling sugared water or do you want a chance to change the world?

「一生、砂糖水を売り続ける気かい？　それとも世界を変えるチャンスに賭けてみるかい？」

ジョン・スカリーをスカウトするためジョブズが放った決め台詞である。アップルCEOへの就任要請を断るつもりだったスカリーは、腹に一発くらった気がして、一転、草創期のアップルを率いる決断を下す。そして、のちにジョブズを追放し、アップルに冬の時代をもたらした経営者として知られることになるわけだ。

なにごとも見方ひとつで別物になる。ジョブズは新たな見方をキレのいい言葉で示して人を動かす名人だった。「言われてみればたしかに」と思ってしまうのだ。「現実歪曲フィールド」をまとっているなどと言われたのも、そのあたりがあったからだろう。

この才能は、対消費者でもいかんなく発揮された。初代Ｍａｃｉｎｔｏｓｈでは「めちゃくちゃすごい」とぶち上げたし、初代ｉＰｏｄへ音楽を転送する方法は「つなぐ。シューーーン。おしまいだ」である。そんなことを言われたら、つい、使ってみたいと思ってしまう。

創造性とキャッチフレーズがアップル快進撃を支える両輪なのだ。

Don't be afraid . Yes, you can do it. Get your mind around it. You can do it.

「心配いらない。できる。君ならできる。やる気を出してがんばれ。君ならできる」

ｉＰｈｏｎｅ用にゴリラガラスを注文した際、技術は開発したが市場がないため作っていない、作れと言われても工場がなくて作れないと断ってきたコーニング社ＣＥＯ、ウェンデル・ウィークスをじっと見つめて放った一言である。

ウィークスは常識人で、エンジニアリング的な問題を気合でどうこうできないと考えていたが、この一言に奮起。社内トップクラスの研究員とエンジニアを集めてＬＣＤディスプレイの工場を突貫工事で改造すると、納期の６カ月にまにあわせてしまった。まにあわせた本人が信じられないと言うほどの成果を挙げたのである。

一世一代の大仕事だった。だから、ウィークスは、ｉＰｈｏｎｅが完成した日、ジョブズからもらったメッセージ――「君たちががんばってくれなければできなかったよ」だけを額に入れてオフィスに飾っているという。

ジョブズは、こうした現実歪曲フィールドでやる気を引きだす。そうやって、だれしもが「無理だ」と思うことをなし遂げてしまう。

I don't think I run roughshod over people, but if something sucks, I tell people to their face . It's my job to be honest.

「僕は自分を暴虐だとは思わない。お粗末なものをお粗末だと面と向かって言うだけだ。本当のことを包みかくさないのが僕の仕事だからね」

ジョブズは口が悪いことで知られている。悪名高いと言ってもいいくらいだ。

他人の感情を推しはかれず、ただ、自分の感情をぶつけていたのか。そんなことはない。むしろ逆で、他人の心を読むのも、他人の精神的な強さ・弱さ、自信のなさを把握するのもおそろしいほど上手である。そうでなければ、現実歪曲フィールドなどまとえるはずがない。

一方、部下は、そうして激しく責められると、なぜかやる気になってしまうらしい。ジョブズにさんざんな目に遭わされた何十人もの部下が「彼のおかげで、それまで自分ができるとは考えもしなかったことができた」と口をそろえて言うのだ。いじめるためにいじめていたのではなく、勝手に思いこんでいる限界を越えて前進できるようにと、厳しい言葉をぶつけて部下の背中を押していたのだろう。

若いころにはやりすぎることも多かったが、アップルに返り咲いたあとは加減がうまくなった。このあたり、妻のローリーンが上手に導いていたのではないだろうか。

Dream bigger.

「もっと大きな夢を見ろ」

晩年、ディズニーの筆頭株主となったスティーブ・ジョブズは、ディズニーストアの改革を担当する役員からアドバイスを求められたとき、この一言を返した。

こう言われた役員は、小手先の改革ではなく、問題の本質に迫ろうとした。そして、ディズニーは夢と希望の国なのに、ショップにわくわく感がないのがいけない、だから、ディズニーグッズが買えるだけの場所ではなく、ディズニーが生み出すものを体現する場にしようと考えた。ディズニーというブランドで楽しむ遊び場にしなければならない、と。実際、いまのディズニーストアは、ショールームでわくわく体験を提供したり、キャラクターやストーリーのムービーを流したり、キャラクターアートを隠してみつけてもらうなど、モノを売るというより、とにかく楽しんでもらう場になっている。

ショップとはモノを売る場であり、ショップの改革とは商品がよく売れるようにすることである――そんな小さなことを考えるな。もっと大きく、ディズニーとはなにかを考えろ。ジョブズはそう背中を押した。それは、彼がアップルストアで実践したことでもある。

Stay hungry. Stay foolish.

「ハングリーであれ、分別くさくなるな」

有名なスタンフォード大学卒業式の祝辞を締めた一言。ジョブズの言葉で一番有名なものだと言ってまちがいないだろう。

出典はホールアースカタログという雑誌である。人はふつうなら環境に従って生きるしかないが、ツールや技術を手にすれば神となり、逆に環境を自在に操れると考えたスチュアート・ブランドなる未来派の人物が発行していた雑誌で、当時、ジョブズ世代の若者に絶大な人気を博していた。その最終号の裏表紙に記されていたのがこの言葉である。添えられた写真は、冒険好きな人がヒッチハイクで旅をしていそうな早朝の田舎道である。

この言葉、特に後半はさまざまな日本語訳が出回っているが、私は「分別くさくなるな」としている。小さくまとまった「大人」になるな、大人らしい分別など身につけるな、社会とか現実とかしがらみとかそういうことは無視し、自分の心に従って突っ走る若者らしさを持ち続けろ。ジョブズはそう言いたかったのだろうと思ったからだ。

自分の好きなことに邁進する若者らしさ——それがすべての源泉なのだろう。

●引用文献・参考文献

『スティーブ・ジョブズ Ⅰ・Ⅱ』ウォルター・アイザックソン著、井口耕二訳（講談社）

『アップルを創った怪物』スティーブ・ウォズニアック著、井口耕二訳（ダイヤモンド社）

『ぼくがジョブズに教えたこと』ノーラン・ブッシュネル、ジーン・ストーン著、井口耕二訳（飛鳥新社）

『スティーブ・ジョブズ 驚異のイノベーション』カーマイン・ガロ著、井口耕二訳（日経ＢＰ）

『スティーブ・ジョブズ 偶像復活』ジェフリー・Ｓ・ヤング、ウィリアム・Ｌ・サイモン著、井口耕二訳（東洋経済新報社）

『ＰＩＸＡＲ』ローレンス・レビー著、井口耕二訳（文響社）

『スティーブ・ジョブズは何を遺したのか』林 信行監修（日経ＢＰ）

『スティーブ・ジョブズ 驚異のプレゼン』カーマイン・ガロ著、井口耕二訳（日経BP）
『アップル 驚異のエクスペリエンス』カーマイン・ガロ著、井口耕二訳（日経BP）
『インターネットが死ぬ日』ジョナサン・ジットレイン著、井口耕二訳（早川書房）
『イーロン・マスク　上・下』ウォルター・アイザックソン著、井口耕二訳（文藝春秋）
『スティーブ・ジョブズ　無謀な男が真のリーダーになるまで　上・下』ブレント・シュレンダー、リック・テッツェリ著、井口耕二訳（日本経済新聞出版、のちに『ビカミング・スティーブ・ジョブズ』と改題し文庫化）
『ジョブズの料理人』日経BP出版局編（日経BP）
『沈みゆく帝国』ケイン岩谷ゆかり著、井口耕二訳（日経BP）

おわりに

クレージーな人たちに乾杯。はみ出し者。反逆者。厄介者。変わり者。物事が世間と違って見える人。ルールなどわずらわしいだけの人。現状など気にもしない人。彼らを引き合いに出すことはできる。否定することもできる。たたえることもけなすこともできる。できないのはおそらくただひとつ——彼らを無視すること。なぜなら彼らは物事を変える人だから。人類を前に進める人だから。彼らをおかしいと評する人もいるけれど、我々はそこに天才の姿を見る。なぜなら、世界を変えられると信じるほどおかしな人こそ、本当に世界を変える人だから。

アップルの「シンク・ディファレント」広告で流れた英語のナレーションを私が訳したものだ（日本語版シンク・ディファレントのアップル公式訳とは少し違う）。映像には、アルベルト・アインシュタイン、マーティン・ルーサー・キング・ジュニア、リチャード・ブランソン、ジョン・レノン、アメリア・イアハート、モハメド・アリなど、因習や既成概念を打破した人々、ジョブズがヒーローと思う人々が次々に登場する。

『スティーブ・ジョブズの再臨』（マイナビ出版）によると、この広告を社外の人間に初めて見せたとき、同席していたジョブズは涙を流したという。ジョブズが力の源泉としていたもの、すべてがこの広告に凝縮されていたからだ。人類の進歩を実現し、世界を変えた人々に自分を重ねていたからだ。そう、あれがアップルの広告でなければ、スティーブ・ジョブズも登場していてよかったのだ。その資格は十二分にあったはずだ。

こだわりの強いジョブズのことだ、シンク・ディファレントは、仕事にかぎらず、私生活でも実践していただろう。だから、ジョブズが亡くなったあと、スタンフォード大学で行われた追悼式典で子どもたちが一言ずつ語る際、末娘のイブは広告「シンク・ディファレント」の文言を選んだのではないか。娘という立場から私生活のジョブズを見ても、その人生を総括するとこの言葉になると思ったのだろう。

「同じことを考えるな。違うことを考えろ。シンク・ディファレントしろ。少しだけでも大きくでもいい」――こう訴えたかったのだと、ジョブズ本人が語っている。

これは、若者らしさを失い、分別を身につけてしまった我々大人にジョブズが送ってくれたエール、人生をよく生きる指針でもある。特に、まわりと同じようにしろという同調圧力が強い日本で自分らしく生きるには、きわめて大切な指針だと思う。

実を言うと、本書もシンク・ディファレントの成果である。本書は、パソコンの実用情報誌「日経ＰＣ21」で人気を博した連載「スティーブ・ジョブズの残像」を大幅に加筆修正したものなのだが、日経ＢＰの小谷宏志シニアエディターのシンク・ディファレントがなければ、この連載自体が生まれなかったはずなのだ。パソコン実用誌の読者にこんなエッセイを読む人なんているのだろうか、それに自分は翻訳者であってライターではない、単発の記事ならまだしも、２年の連載など書ける気がしないとしぶる私をたきつけ、背中を押しつづけて、最終的に3年もの人気連載にしてしまったのだから。

世界を変えられる天才になろう。ジョブズのように世界全体を変えられればそれはすばらしいが、そこまでできる必要は必ずしもない。自分が関わるごく小さな「世界」さえ変えられればいいのだ。そのくらいなら自分にも変えられると信じよう。そうすれば、きっと、本当に世界を変えることができる。

２０２４年9月

井口耕二

井口 耕二 いのくち・こうじ

1959年生まれ。東京大学工学部を卒業後、米国オハイオ州立大学大学院修士課程を修了。大手石油会社を経て、98年に技術・実務翻訳者として独立。主な訳書に『スティーブ・ジョブズ Ⅰ・Ⅱ』（講談社）、『スティーブ・ジョブズ 驚異のプレゼン』（日経BP）などがあり、ジョブズに関連する翻訳書の大半を担当してきた。『「スティーブ・ジョブズ」翻訳者の仕事部屋』（講談社）も上梓している。

日経プレミアシリーズ｜520

アップルはジョブズの「いたずら」から始《はじ》まった

二〇二四年一一月八日 一刷

著者 井口 耕二

発行者 中川ヒロミ

発 行 株式会社日経BP
日本経済新聞出版

発 売 株式会社日経BPマーケティング
〒一〇五―八三〇八
東京都港区虎ノ門四―三―一二

装幀 ベターデイズ

組版 ティー・ハウス

印刷・製本 中央精版印刷株式会社

ISBN 978-4-296-20646-9 Printed in Japan

日経プレミアシリーズ517

それでも昭和なニッポン 100年の呪縛が衰退を加速する

大橋牧人

30年にわたる日本の停滞の原因は、今も残る昭和型の社会構造にある――社会部記者として昭和・平成を取材した元日経新聞編集委員が、自民党の派閥裏金事件、大手自動車メーカーなどで相次ぐ品質認証不正行為、旧ジャニーズ事務所や宝塚歌劇団で明るみに出たエンタメ業界の〝闇〟など時事ニュースを取り上げながら、100年にわたる昭和の呪縛について指摘し、起死回生の転換の糸口を考える。

日経プレミアシリーズ516

日本のなかの中国

中島恵

日本で中国人のみが属するコミュニティや経済圏が続々形成されている。母国の規範や行動原理を持ち込み、階層化の兆候も観察される。彼らは何を考え、日本にどのような影響を与えているのか。80万人を超える巨大な在日中国人社会の実態を明かす、迫真のルポルタージュ。

日経プレミアシリーズ515

弱い円の正体 仮面の黒字国・日本

唐鎌大輔

経常収支黒字国や対外純資産国というステータスは一見して円の強さを担保する「仮面」のようなもので、「正体」としてはCFが流出していたり、黒字にもかかわらず外貨のまま戻ってこなくなったりしている実情がある。統計上の数字を見るだけでは見えてこない「弱い円の正体」に迫った一冊である。

日経プレミアシリーズ 514

データでわかる2030年 雇用の未来

夫馬賢治

2030年、新たな産業革命が始まる。気候変動対策のためのエネルギー革命、サーキュラーエコノミー化、AIの進化、少子高齢化など、避けることのできない大きな波は、産業、雇用、社会や教育のあり方までを激変させるだろう。将来の大転換に備え、日本人にはどんな備えが必要になるか。データをもとにひもとく。

日経プレミアシリーズ 513

マイナス金利解除でどう変わる

清水功哉

なぜこのタイミングでマイナス金利解除に動いたのか、金利はどこまで上がるか、住宅ローンへの影響は、日銀が株の売り手に転じる意味合いは——。何が決まり、どう変わったのかを、日経新聞編集委員がこれまでの政策の変化も踏まえてわかりやすく解説。デフレからインフレへの転換で必要な心構えも的確に示す。

日経プレミアシリーズ 512

#生涯《しょうがい》子供《こども》なし

福山絵里子

なぜ日本は「無子化・少子化」のトップランナーとなったのか。日本で急速に進む「無子化・少子化」について、とりこぼされがちな個人の視点を中心に据えデータや取材をもとに独自の視点から考察。従来の少子化論とは一線を画する立場から、私たちが構築すべき社会の在り方を問う。

日経プレミアシリーズ511

「指示通り」ができない人たち

榎本博明

多様性の時代と言われて久しいが、期待されて職場に入ったのに、今ひとつ評価が上がらない人がいる。指示通りに動くことができない、評価してもらえないとすぐヤケになる、やたら自己評価が高い人など……。なかなか理屈が理解できない彼らの思考法を受け入れるための本。

日経プレミアシリーズ510

道と日本史

金田章裕

日本の道のほとんどは土の道だった。牛車はあっても馬車はない。人々の移動は基本的に徒歩で、馬も蹄鉄の代わりに草鞋を履いていた……。まっすぐで幅広な古代のハイウエー、削られ曲がっていく中世の道、わずか50年で完成した近代道路網。古地図や絵画、史料をもとに、ダイナミックに変貌を遂げた日本の道の歴史をたどる。

日経プレミアシリーズ509

サバの味噌煮は、ワインがすすむ

小泉武夫　真藤舞衣子

白ワインと合わせる俺流サバの味噌煮、魚も肉もソーセージもなんでもござれの無敵の粕漬け、熱燗に合わせるネバネバーダ豆腐、ウイスキーと好相性のクルミの飴煮……発酵学者・小泉武夫センセイが自らの厨房「食魔亭」で作り上げる季節の料理67品を取り上げた垂涎必至のエッセイ。日本経済新聞の長寿連載を新書化。

日経プレミアシリーズ　508

シン・日本の経営

ウリケ・シェーデ　渡部典子＝訳

日本企業は世間で言われるよりもはるかに強い。グローバルな最先端技術の領域で事業を展開する機敏で賢い数多くの企業が次々と出現している。その顔ぶれ、昭和の経営から令和の経営への転換、見えざる技術・製品をベースとする事業戦略、行動様式の変革マネジメントなどを気鋭の経営学者が解説する。

日経プレミアシリーズ　507

働かないニッポン

河合　薫

仕事に熱意のある社員は5％しかおらず、世界145カ国中最下位――今、何が日本人から働く意欲を奪っているのか？　〝窓際族〟と化する若手エリート、「今まで頑張ってきたから」を言い訳に会社に寄生する50代など、実際のエピソードをもとに、「働き損社会」の背景にある日本の構造的な問題を解き明かす。

日経プレミアシリーズ　506

男子系企業の失敗

ルディー和子

日本企業が長期停滞したのは、中高年男性が主導権を握る、同質性集団だったから⁉　激動期に30年も現状維持を選択した「サラリーマン社長」の生態をはじめ、新卒一括大量採用、終身雇用制度がもたらした弊害などを、社会心理学や行動経済学など豊富な学識をベースに、さまざまな実例も交え解説するユニークな読み物。

日経プレミアシリーズ496

半導体超進化論

黒田忠広

1988年に50%あった日本企業の世界シェアが今では10%。この30年間に世界の半導体は年率5%超の成長を遂げたが、日本はまったく成長できなかった。日本は何をすべきか。日本の半導体戦略をリードするキーパーソンが、新しい半導体の世界と対応策を活写。

日経プレミアシリーズ504

「正義」のバブルと日本経済

藤井彰夫

「地価を下げることこそ正しい」「銀行救済に税金投入はけしからん」「弱い中小企業は皆救うべきだ」「堕落した官僚は懲らしめろ」「金融政策はあらゆる手段を」「高齢者は弱者、皆で助けよう」――何が「正義」とされ、その結果どうなったか。日本経済長期停滞の真因を新たな視点から探る「物語」（ナラティブ）の日本経済論。

日経プレミアシリーズ503

宏池会政権の軌跡

芹川洋一

ハト派、リベラル、経済重視などのイメージで語られる自民党最古の派閥、宏池会。その本質は徹底したリアリズムの追求だと岸田首相はいう。池田、大平、鈴木、宮沢、そして岸田。つねに時代の転換点に直面し、政策のギアチェンジに挑んだ5つの宏池会政権のドラマを描き、戦後の日本政治史をたどる骨太の読み物。

日経プレミアシリーズ502

残念な相続〈令和新版〉

内藤 克

「遺産分割でもめないように」「相続税を減らしたい」——よかれと思った対策が、かえってトラブルをまねく。ベテラン税理士が、相続で陥りやすい罠を明らかにし、必ず押さえておきたいポイントをわかりやすく解説します。近年の相続関連法の大改正に対応し、ヒット作を全面改訂。

日経プレミアシリーズ084

ほんとの野菜は緑が薄い

河名秀郎

有機マークが付いていれば農薬の心配はないのか、「無添加」表示があれば安全なのか。数ある情報の中からほんものを見分けるためには？　農薬も肥料も使わない「自然栽培野菜」の普及に携わり続けた著者が語る、食を取り巻く衝撃の事実。そして、自然の野菜に学ぶ真のナチュラルライフ、心地のいい暮らし方とは？

日経プレミアシリーズ500

植田日銀 こう動く・こう変わる

清水功哉

なぜ植田和男氏が日本銀行総裁に選ばれたのか？　異次元金融緩和はどのように変わっていくのか？　経済や市場、私たちの生活の変化は？　植田氏を長年取材し人柄を熟知し、日銀ウオッチャーとして定評がある日本経済新聞編集委員が、ファイナンシャルプランナーの視点も交えて明快に読み解く。

日経プレミアシリーズ499

日韓の決断

峯岸 博

日韓両国は、2012年の李明博大統領による島根県・竹島（韓国名・独島）上陸から始まった「失われた10年」を経て、尹錫悦大統領による対日外交の方針転換により、飛躍の好機を迎えた。歴史の宿痾に翻弄されてきた両国の構造変化を読み解き、なお残るもろさに着目しながら、「成熟した国家関係」への道を探る。

日経プレミアシリーズ498

パナソニック再起 2030年への新・成長論

日本経済新聞社 編

持ち株会社制への移行を機に、矢継ぎ早に変革の手を打つパナソニックホールディングス（HD）。事業会社への権限委譲で現場が自律的に動き出し、かつての輝きを取り戻そうとしている。「松下幸之助流」を現代に適合させながら、日本企業の新しい形を模索するパナソニックHDの実像を、最前線の取材記者が描き出す。

日経プレミアシリーズ497

中国人が日本を買う理由

中島 恵

高成長が曲がり角を迎え、コロナ禍以降は社会に息苦しさも感じる――。ここ数年、中国人が母国を見る目が変わりつつある。そして彼らは日本に目を向ける。食事、教育、文化、ビジネス、社会……。どんな魅力を感じるのか。豊富な取材により、多くの中国の人々の声から浮かび上がる、新しい日本論。